新 絵でみる 鉄棒運動 指導のポイント

鈴木聡 編　岡田和雄 著

日本標準

本書は，1994年に（株）あゆみ出版より発行された『新版 絵でみる 鉄棒指導のポイント』に加筆修正を加え，「改訂版」として出版するものです。

はじめに

● **子どもたちの笑顔が輝くために**

　本書は,「すべての子どもたち」に体育のすばらしさを教えたいと願う多くの教師たちの実践成果を, 豊富なイラストを使って, できるだけわかりやすい形で紹介したものである。そこには, 目の前の「子どもたちを大切にしたい」という教師の願いが貫かれている。つまり, 本書は, 体育の授業に関するものだが,「子どもたちの笑顔が輝くために」と願う教師たちの主体性, 自立性を学校教育で実現するための本でもある。

● **「楽しい体育」時代の「絵でみる」シリーズ**

　本書は, 岡田和雄さんの発案による「絵でみる」シリーズとしてあゆみ出版より刊行されたものに加筆修正を加え, 本格的にリニューアルしたものである。旧著は, 1980年代から1990年代にかけて全11巻が出版された。各巻によって部数は異なるが, 各巻ともにほぼ1万冊を超え, 合計で10万冊以上が全国に広まった大変好評なシリーズだった。

　旧著が出版された時期は,「楽しい体育」が日本の体育の中心だった。「楽しい体育」の時代には, 体育の授業で運動技術を教えることは, 教師の教え込みとして批判され, 学習内容や方法を子どもたちが選択するように奨励された。子どもたちが選んだ方法で運動すれば, それが子ども中心の授業といわれたのである。

　「楽しい体育」の時代に, 運動ができない子どもたちを前にして,「教えてはいけない。教師は支援に徹するべきだ」といわれる中, 多くの教師はとまどい, 旧著を手にし, 子どもにそっと教えていたのだろう。そこには, 目の前の子どもたちみんなに「運動ができる喜び」を実現してやりたいという教師としての誠実な思いがあった。

　そして, この本は「子どもたちに運動の喜びを」と願う全国の教師たちの役に立つことができた。この本に書かれている技術指導によって, たくさんの子どもたちが「わかり・できる」ようになり, 仲間とともに

豊かな運動文化の世界を知ることができたのである。

　教育関係の本が売れない時代に，しかも「楽しい体育」全盛の時代にこの本が広まったということ。「よいものは，よい」。私たちが，この本を再度発刊したいと願った理由が，ここにある。

●「楽しい体育」から「健やかな体育」の時代へ

　「楽しい体育」の時代には，運動が得意な子はある程度上手になったが，運動が苦手な子は教師からの指導を受けることなく放置され，運動のできる子とできない子の格差を生む二極化が進行した。

　2008年1月に中央教育審議会から「幼稚園，小学校，中学校，高等学校及び特別支援学校の学習指導要領等の改善について（答申）」が公表されたが，「楽しい体育」について以下の4点が課題とされている。

> ・運動する子どもとそうでない子どもの二極化
> ・子どもの体力の低下傾向が依然深刻
> ・運動への関心や自ら運動する意欲，各種の運動の楽しさや喜び，その基礎となる運動の技能や知識など，生涯にわたって運動に親しむ資質や能力の育成が十分に図られていない例も見られること
> ・学習体験のないまま領域を選択しているのではないか

　そして，「基礎的な身体能力や知識」を身につけることが強調され，次のように説明されている。

> 　身体能力とは，体力及び運動の技能により構成されるものである。知識は，意欲，思考力，運動の技能などと相互に関連しながら，身に付いていくものであり，動きの獲得の過程を通して一層知識の大切さを実感できるような指導が求められる。

　また，身体能力や知識の具体的内容について「学校段階の接続及び発

達の段階に応じて指導内容を整理し，明確に示すことで体系化を図る」と述べているので，今後各学年段階に応じた＜具体的指導内容＞が示され，それは「体系化されたもの」として各学校に下りてくると思われる。

つまり，「楽しい体育」から「体力や運動技能」を重視する体育へと大きく転換されることになるし，「子どもの自主性」から「教師の指導性」へと振り子が揺れ戻ることになりそうだ。このような傾向は，新学習指導要領全体における「重点指導事項例の新設」に表れているように，日本全国の子どもたちに獲得させるべき内容をより「具体的」に示すとともに，その獲得状況を検証し，結果責任を一人ひとりの教師に問うという全体システムに基づいている。したがって，個別化（個に応じた）路線は継承され，指導内容が教師主導の「体力，運動技能」中心になることが予想される。

しかし，学習指導要領がどのように変わろうとも，すべての子どもたちに体育のすばらしさを教えたいという教師の願いは変わらない。本書によって，たくさんの子どもたちが運動文化・スポーツの豊かな世界を学ぶこと，そして，日々誠実に教育実践に取り組んでいる教師のみなさんの役に立つことを願っている。

2008年2月

「新 絵でみる」シリーズ編集委員会
藤井喜一　大貫耕一　内田雄三　鈴木 聡

もくじ

はじめに ─────────────────────────── 3

　本書の活用にあたって ───────────────── 9
　図解を見るにあたって ───────────────── 10
Ⅰ　鉄棒運動の技術の発展と指導過程 ──────── 11
　❶　鉄棒運動のおもしろさ ……………………………… 11
　❷　鉄棒学習で学ばせたいこと ………………………… 13
　❸　鉄棒のおもしろさをどう指導するか ……………… 15
　❹　鉄棒運動の技術の発展 ……………………………… 10
　❺　鉄棒学習の進め方 …………………………………… 21

Ⅱ　鉄棒運動の内容と指導のポイント ─────── 25
　❶　単一種目とその指導 ………………………………… 25
　　①　とびあがり　25
　　②　後ろおり　26
　　③　前方回転おり（前まわりおり）27
　　④　足ぬきまわり（後ろまわり，前まわり）28
　　⑤　こうもり，おさるの絵かき　30
　　⑥　こうもりおり　31
　　⑦　地球まわり　32
　　⑧　さかあがり　33
　　⑨　ひざかけあがり（足かけあがり）37
　　⑩　ももかけあがり　41
　　⑪　後方ひざかけ回転（足かけ後転）42
　　⑫　前方ひざかけ回転（足かけ前転）46
　　⑬　前方ももかけ回転　49
　　⑭　転向前おり　50
　　⑮　ふみこしおり　52
　　⑯　後方支持回転（腕立て後転）54
　　⑰　前方支持回転（腕立て前転）60
　　⑱　振りとび　66

⑲ ひこうきとび　69
⑳ こうもり振りおり　71
㉑ だるま前まわり（ひじ支持前方回転）　74
㉒ だるま後ろまわり（ひじ支持後方回転）　76
㉓ 片足エンジン前まわり（ひざかかえ足かけ前転）　77
㉔ 片足エンジン後ろまわり（ひざかかえ足かけ後転）　78
㉕ 両足エンジン前まわり（ひざかかえ両足かけ前転）　79
㉖ 両足エンジン後ろまわり（ひざかかえ両足かけ後転）　80
㉗ 両ひざかけ後転　81
㉘ 両ひざかけ前転　83

❷ 連続技とその指導 …………………………………………………… 85
① 連続技の考え方と構成　85
② ２種目連続，３種目連続の工夫　90
③ あがる技，おりる技の連続の工夫　94
④ あがる技，まわる技，おりる技の連続の工夫　97
⑤ つなぎの技の工夫　101
⑥ モデルの連続技の設定　104
⑦ 連続技創作の工夫　107

Ⅲ 学習指導計画例と記録用紙・学習カード例 ─────── 109
① 指導計画・指導案例　109
② 記録用紙と学習カードの工夫　116

Ⅳ 評価 ──────────────────────────── 139

おわりに ──────────────────────────── 141

●本書の活用にあたって

　本書は，主に小学校の体育授業にたずさわる現場の先生方が，事前の教材研究の参考としたり，授業の中でも技術指導のポイントをつかむために役立つようなハンドブックとして編集したものである。教材の考え方，指導計画の立て方，技術の系統の押さえ方などによって全体の見通しを立て，具体的な指導の要点，授業の展開例など，できるだけわかりやすく解説したつもりである。

　図解を中心としているのは，動きの順序や重要なポイントを分解したり取り出したりして，練習のポイントや指導のコツなどを表そうと考えたからである。したがって，写真のように生の動きではないが，技術の大体を押さえ，練習や指導上の要点を図の中から読みとってほしいと考えている。

　運動技術や練習方法についての図解は，およそ次のような原則で記述してある。

(1) 1つの運動，技術，動きについて大体の方法を示している。

(2) その運動の練習の仕方，ポイント，留意点を示している。

(3) その運動と類似している技，同系統の技，発展的な技を示している。

(4) 1つの運動の部分的な動きで，注意すべき留意点をゴシック体の文字で解説し，必要に応じて円型囲みによって示している。

(5) 補助の方法とそのポイントを示している。

(6) 子どものつまずきや，悪い例，危険な例などを示している。

以上のような観点で図解をすすめているので参考にしていただきたい。

● 図解を見るにあたって

❶・❷……教材の大きな分類（例―下図Ⓐ）
①●●●…種目の大きな分類（例―下図Ⓑ）
(1)・(2)…種目名，具体的に解説する内容（例―下図Ⓒ）
①・②……同じ種目での何通りかの方法や指導（例―下図Ⓓ）
1)・2)……1つの技の順序を示す（例―下図Ⓔ）
★…………技術の解説，指導のポイント，練習上の留意点，安全のための配慮（例―下図Ⓕ）
ゴシック…技術上の部分的な留意点，動きの部分的なポイントなど。必要に応じて円型囲みでその部分を示す（例―下図Ⓖ）

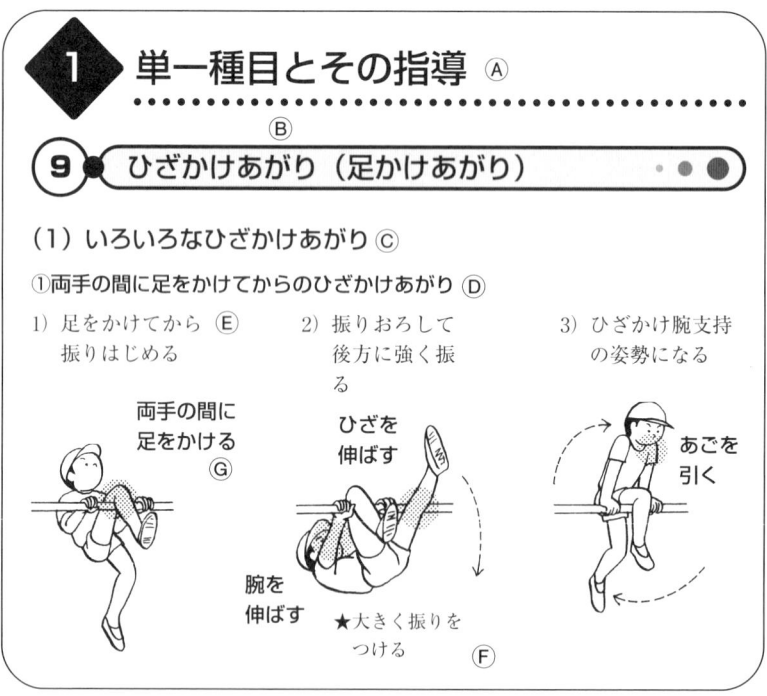

Ⅰ 鉄棒運動の技術の発展と指導過程

鉄棒運動のおもしろさ

1．低学年期から鉄棒のおもしろさを

　鉄棒運動をはじめとする器械運動は，できる・できないがはっきりしており，できれば楽しく意欲も高まるが，できないとつまらなく，嫌いになってしまうという性格をもつ。一般的には，器械運動は，技に挑戦するスポーツであり，できるようになるおもしろさをもつと考えられている。したがって，できるようになるためのスモールステップや，きめ細かな指導，継続的な練習，工夫した場の提供，技術ポイントを明確にした発見学習やグループ学習といった学習過程を通して，様々な視点が重要になってくると言えよう。

　器械運動の中でも，鉄棒は，学年が進むにしたがって嫌いになっていく傾向が強い。低学年の頃は，あそびの中でも鉄棒の人気は高く，技術の習得は小学校中学年がピークで，それ以降になると，体が大きくなることもあり，なかなか上達していかない。しかし，低学年期から中学年期に鉄棒のおもしろさを十分に味わっておくと，高学年期や中学校においても意欲が持続し，よりダイナミックでより美しい鉄棒表現が可能になる。

　小学校から中学，高校まで，どこの学校に行っても校庭に鉄棒が立っている光景はよく目にするが，休み時間に鉄棒周辺がにぎわうのは小学校くらいで，しかも，低学年女子が多いのではないか。年齢が進むにつれて，鉄棒が嫌いになっていく傾向が否めない原因は何であろうか。一般的には，次のことがあげられよう。

1. できる・できないが明確なため，できないとおもしろくないし，恥ずかしいという意識が強まる。
2. 練習に時間をかけ，根気強く続けていかないと，簡単にはできないことがわかり，練習意欲がなくなる。
3. 手のひらが痛くなったり，皮がむけたりして続けて練習する意欲がなくなっていく。
4. 体重が増えると，体を支えたり，引きあげたりする力が必要となり，思うように体が動かせない。
5. 他の運動種目に興味が移り，日常的に鉄棒運動をほとんどしなくなる。
6. 鉄棒自体が冷たく，さわりたがらない。

　以上の点が考えられるが，大きな要因は，授業中に見られる1つずつの種目を練習して，できたかどうかを評価することに対する抵抗であろう。低学年のうちは，簡単な種目でもできたら喜ぶし，動物の模倣（おさるの絵かき，こうもり等）やぶらさがり，とびおりなどでも喜ぶが，次第に技術が必要な技に取り組むようになると，徐々に嫌いになっていくのである。女子は，体重が増えることもあり，低学年期にできていたことが急にできなくなることで鉄棒離れを起こすこともある。男子は，ボール運動への興味が強くなり，鉄棒に親しむ機会が減り，次第に鉄棒から遠ざかっていくのである。

2. 鉄棒のおもしろさを知った子どもたちの姿

　1年生の子どもたちに，鉄棒でいろいろなあそびを工夫させると，実にたくさんのアイデアが出てくる。登ったり，振ったり，ぶらさがったり，回転したり，おりたり。友達のまねもしやすく，できない技に挑戦する楽しさが，他の固定施設あそびよりも多いからである。1本の鉄の棒と自分の身体とで，多様なあそびを創造できる器具であると言えよう。そして，うまくなっていく進歩の喜びが，明確にわかる運動なのである。
　また，高学年でも興味が持続する子どもたちの中には，技術の必要な

高度な技をこなし，何人かで集まって鉄棒を楽しむ姿も見られる。鉄棒のおもしろさを味わった子どもたちは練習を楽しみ，新しい技への挑戦が連続していく。そして，より高度な技に挑戦しようとする。さらには，いくつかの技を組み合わせた連続技づくりに夢中になる姿も見られ，それは，1本の鉄棒と自分の身体を意のままに操る，美しくダイナミックな自己表現と言える。このような興味が連続していく子どもたちの姿には，大いに注目する必要があるし，ここに鉄棒運動のおもしろさがあると言える。

 鉄棒学習で学ばせたいこと

　鉄棒学習は，ただ単に「たくさんの技ができるようになった」「たくさんまわれた」という達成感あふれる授業を目指すだけのものではない。例えば，お話鉄棒や連続技づくりの学習を通して学べる内容は，次のようなものだと考えている。

1.　意のままに体を動かすことができる力

　今の子どもたちは，外のあそび場が減り，室内あそびが増えてきたことで意図的に体を耕さないと育ちそびれてしまうことが多い。そこで，鉄棒学習を通していろいろな動きをしていくうちに，回転したり，逆さになったり，スイングしたりする感覚が身につき，姿勢をコントロールする力がつくようになる。この基礎的な運動感覚を養うことで，意のままに体を動かす力を養うことができる。

2.　自分の身体を使って表現する力

　鉄棒運動において，身につけさせたい身体能力の核は，「スイングのつくり出し」と「身体コントロール」だと考えている。そのため，こうもり振りという技が有効になる。子どもたちは，あそびの中で少しずつこうもり振りのスイングを自分の体でつくり出していくことをしていく。

大きなスイングをつくり出すときに必要となるあごを使った「あふり」の感覚や，安定したスイングを保つための体の「しめ」，姿勢を制御したり，次の動作に移っていく際に身体をコントロールしたりする身体能力がこうもり振りを核にして養われ，そしてそれは，他の「前方支持回転」や「ひざかけまわり」にも発展していくものと考えている。

3. 学び合い集団をつくり上げていく力

　子どもたちは集団の中で育つ。お話鉄棒や連続技づくりでは，グループで技を見合ったり，教え合ったりすることで，「ぼくたちもやってみよう」「もっとすごい演技をつくろう」という意欲につながるだろう。また，「私のアイデアを取り入れてもらえた」「お友達と合体したアイデアができた」という充実感が得られることは，集団の中にいることの喜びを感じ，「自分が認められる」「仲間とともにつくり上げる」という経験は，鉄棒だけでなく運動することが大好きな子になっていく可能性を大いに高めると思われる。

❸ 鉄棒のおもしろさをどう指導するか

1．運動感覚づくり

　鉄棒を学習する際，授業者として押さえておきたい点は，次のようになろう。

1. 鉄棒を使ってできる運動（あそび・技）を自由に工夫し，模倣あそびの形で，動きづくりや，あそびづくりをさせる。
2. 自由に工夫してつくったあそびをお互いに発表し合ったり見せ合ったりしてあそびの幅や種類をひろげさせるようにする。
3. 基礎的・基本的な運動感覚づくりを押さえ，全員が取り組めるようにする。
4. 技術の発展系統を押さえて，やさしいものからむずかしいものへとスモールステップで進める学習形態を整える。
5. あそびの技や基本的な技を組み合わせて，いろいろな技の組み合わせあそび（連続技づくり）をさせる。
6. 連続技づくりは，単に技を組み立てるだけではなく，ストーリー性のあるお話鉄棒づくりを工夫するなど，子どもたちの発想を引き出しながら学習を支える。

　以上のような点をふまえ，鉄棒のおもしろさを味わいながら，基礎的・基本的な運動感覚を身につけ，より高い技術を習得できるような指導を計画的に行うことが大切であろう。
　特に，運動感覚づくりは全学年を通して必要である。ぶらさがったり振ったりする「スイング感覚」や，鉄棒に上がって腕立てけん垂をしたり，腕立て回転をするような「腕支持感覚」は，今後の技に発展する重要な感覚と言えよう。また，逆さになって振ったり回転したりする「逆さ感覚」も，あそびの中でしっかり身につけさせたい。こうもり振りや，

足ぬきまわり，前まわりおり，さかあがりなどの技に必要な重要な感覚である。

2. 子どもの意欲を喚起する教材と学習過程の工夫

　連続技，組み合わせ技に取り組むとき，初めから規定の種目を示して段階的に一斉指導していくのではなく，子どものあそびから吸いあげていく工夫をしたい。例えば，子どもたちの鉄棒あそびを見ていると，1つずつの技で楽しんでいるのではなく，いくつかの技をつなげていることに気づく。連続技をつくろうとか，組み合わせ技を創作している意識ではなく，あそびとしておもしろいからやっているのである。そのおもしろさを取り上げて指導するのが，第1段階である。自由に組み合わせ技を工夫させるが，このとき，お話鉄棒などを紹介し，ストーリー性をもたせるようにし向けると，子どもたちはより創造的にあそびを工夫するようになるだろう。

　続いて，「あがる―まわる―おりる」の典型的な連続技を考えてみたい。一般的には，あがるためのさかあがりから一斉に始める授業が多いのではないだろうか。ここで，さかあがりができず，多くの鉄棒嫌いの子どもたちを生み出してしまった実践から学ぶ必要がある。発想を転換し，おり技から入る学習過程を以下に紹介する。このおり技から入る実践は，遡ること20年近く前，東京学芸大学附属世田谷小学校で教育実習をした際に筆者が目の当たりにした，指導教官の藤井喜一先生によるものである。

　こうもり振りおりは，子どもたちにとってあこがれの技である。ダイナミックで，大きなスイングから，ふわっと体を宙に浮かせ，地面におり立つ。子どもたちにとっては驚くほどの離れ技である。しかし，さかあがりに比べると，あそびの中でスモールステップをふんで比較的簡単に上達することができるのが特徴である。こうもりジャンケンや，ボール渡し，手タッチといったグループでの学習も可能で，みんなで上手になっていくことができる。こうもり振りおりができるようになると，こうもりにつなげる中の技を考えるようになる。両ひざかけ回転を練習し，

そこからこうもりにつなげて，こうもり振りでフィニッシュするのである。それができると，両ひざかけ回転にスムーズにつながるよう，子どもは鉄棒への登り技をつくりたくなる。そこで，切実感をもって，さかあがりやひざかけあがりに挑戦するようになる。このように，子どもが本気になり，意味を伴いながら「あがる技」や「まわる技」をつくっていくような学習過程を展開できれば，子どもたちの鉄棒への興味が深まっていくことは，藤井先生をはじめとしたこれまでの実践による子どもたちの事実から明らかである。

　また，連続技づくりは，技ができることへの挑戦だけではなく，自己のもっている能力をどう表現するかという課題に対する活動とも言える。ゆえに，その子なりの創意・工夫が大切なのである。さらに，むずかしい技を入れたからよい連続技という発想ではなく，なめらかに，リズミカルにできること，正確にできること，美しくできること，個性を生かしてできることといった要素を押さえることで，鉄棒の楽しみ方の幅が膨らむ。

鉄棒運動の技術の発展

　どの運動を指導する際にも，子どもの発達段階に合わせた運動技術の発展を押さえておく必要がある。そして，個人差に応じた，適切な学習活動の工夫が必要である。つまり，大人から見た一般的な技術の系統ではなく，子どもの立場で技術をとらえ，子どもが意味のある学びをしていくことで，技術を身につけ，積み重ねていく必要があることを押さえ，子どもから見た鉄棒運動の技術の発展系統を考えていかねばならない。

1. 学習内容の発展

■1・2年■
①ジャングルジム，うんてい，肋木，登り棒，ブランコ，鉄棒を使った運動あそび
②登る，おりる，ぶらさがる，逆さにぶらさがる，前向きや横向きのけん垂移行，腕立て指示，けん垂おり，回転など，多様な動きや豊富な運動経験によって，体の位置感覚，姿勢のコントロール能力を高める。

■3・4年■
①鉄棒を使ったあそびをする。
②鉄棒を使って，各種の技の練習をする。また，簡単な連続技が工夫できる。
③腕立て，とびあがり，前まわりおり，足ぬきまわり，さかあがり，ひざかけあがり，足かけあがり，ふみこしおり，こうもり振り，こうもり振りおり，ひざかけ前転，ひざかけ後転，転向前おりなどの技を練習する。鉄棒のおり，回転の運動に慣れ，大きく振ること，回転のはずみをつけることがわかる。
④連続技は，「あがる―まわる―おりる」の技の組み合わせを基本として，自分ができる技を組み合わせる。

■5・6年■
①鉄棒を使って，各種の技の練習をする。回転を入れた簡単な連続技が工夫できる。
②さかあがり，ひざかけあがり，ひざかけ前転，ひざかけ後転，後方支持回転，前方支持回転，ふみこしおり，転向前おりなどの技を練習する。連続してよく体を伸ばして回転することや回転のはずみをつけるあおり，手首のかえしがわかる。
③連続技は，「あがる―まわる―おりる」の基本的な組み合わせに，新しい技を入れて，各自の力に合った連続技ができる。また，「あがる―まわる―まわる―おりる」など，技の組み合わせに変化をもたせたり，技と技のつなぎを工夫したりして，なめらかでリズミカルに，またダイナミックで正確な連続技ができるようになる。

2. 鉄棒運動の技術の発展系統

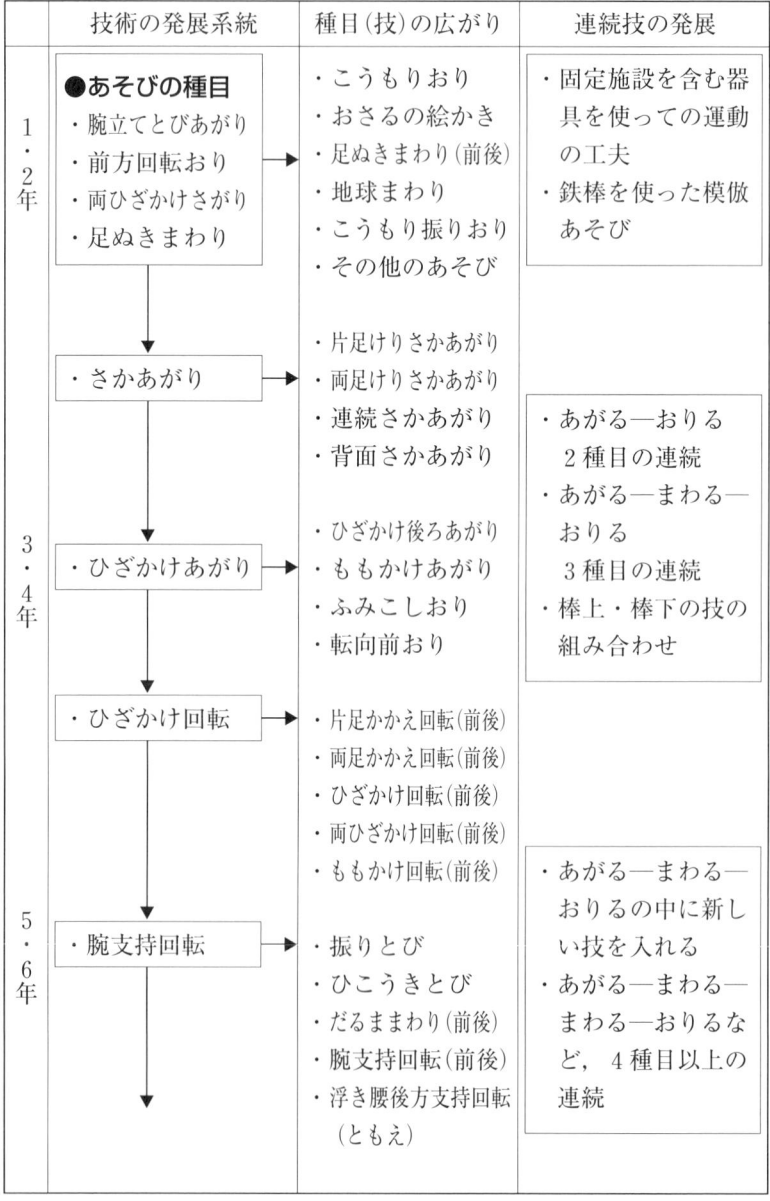

	技術の発展系統	種目(技)の広がり	連続技の発展
1・2年	●あそびの種目 ・腕立てとびあがり ・前方回転おり ・両ひざかけさがり ・足ぬきまわり	・こうもりおり ・おさるの絵かき ・足ぬきまわり(前後) ・地球まわり ・こうもり振りおり ・その他のあそび	・固定施設を含む器具を使っての運動の工夫 ・鉄棒を使った模倣あそび
3・4年	・さかあがり ・ひざかけあがり	・片足けりさかあがり ・両足けりさかあがり ・連続さかあがり ・背面さかあがり ・ひざかけ後ろあがり ・ももかけあがり ・ふみこしおり ・転向前おり	・あがる―おりる 　2種目の連続 ・あがる―まわる― 　おりる 　3種目の連続 ・棒上・棒下の技の組み合わせ
5・6年	・ひざかけ回転 ・腕支持回転	・片足かかえ回転(前後) ・両足かかえ回転(前後) ・ひざかけ回転(前後) ・両ひざかけ回転(前後) ・ももかけ回転(前後) ・振りとび ・ひこうきとび ・だるままわり(前後) ・腕支持回転(前後) ・浮き腰後方支持回転 　(ともえ)	・あがる―まわる― 　おりるの中に新しい技を入れる ・あがる―まわる― 　まわる―おりるなど，4種目以上の連続

５ 鉄棒学習の進め方

１．授業の流れ

　鉄棒運動をしていると「落ちたら，怖い，痛い」という思いがある。そこで，鉄棒の下にマットなどをしいて，安心して学習が行えるようにすることも必要である。１時間の授業の流れについて，大まかな流れのみ示すことにする。

①準備
- 鉄棒の下に，外で使えるマット（なければ使い古しの布団，マットレス，毛布など）をしく。
- 子どもたちが自分たちで用意しやすい道具をそろえておく。
- こうもり振りや，足かけまわりを練習するとき，ひざの後ろが痛くならないように，長ズボンをはかせたり，ひざにサポーター代わりになるものをつけさせたりする。

②準備運動
　固定施設や鉄棒を使って，鉄棒運動につながる運動感覚づくりを工夫する。学年が上がるにつれて，つばめ，ふとんほし，足ぬきまわり，こうもりなどをセットにして，準備運動の中に取り入れていくのもよい。

③課題解決，練習
　学習課題の解決に向けて，教師のアドバイスを受けたり，グループ中心に学習を進めたりしながら，課題を解決していく。

２．集合の仕方，順番の待ち方

- 集合の仕方や学習のルールを決めておく。
- 指定された鉄棒の前に，見えやすい位置に集まる。
- 順番を待つときは，演技者がよく見える位置で待つ。
- 演技者の後ろには危ないので立たない。
- 待っている子どもたちには，声をかけさせたり，補助や観察（横や

斜めから）をさせたりする。

3. 子どもの実態と課題をとらえる

指導にあたっては，まず，子どもの実体をよくとらえ，その上で全体の課題，一人ひとりの課題をとらえていくことが必要である。既習の経験の程度，鉄棒についての興味の程度，好きな理由，嫌いな理由，習得している技の実態，連続技づくりの経験の程度などを把握しておくとよい。

既習経験や技の習得の程度が低い場合には，固定施設あそびなどを含めた鉄棒あそびとして，まず鉄棒に慣れて，振ること，腕立てけん垂になること，回転すること，逆さになることなど，基礎的な運動に目標をおき，そこに十分な時間をかけていく。

また，単一種目の練習を重点的に行ってきた子どもであれば，連続技の工夫に目標をおき，そのおもしろさを十分に味わえるように考えていく。

また，連続種目を重点的に行ってきた場合は，新しい技への挑戦を中心として指導計画を立てる。

単一種目の練習にしても，連続技の工夫にしても全体の課題と同様，個人の課題ももたせるようにする。教師は，一人ひとりの実態をよくとらえ，適切な助言をしていく。共通課題をもつ子に教え合いをさせ，グループ学習を通して個に応じた課題をみんなで考えていくような工夫も必要である。

4. グループの編成

鉄棒運動のような個人種目は，一斉学習が多いが，基本的にはグループ学習をさせたい。工夫し合い，教え合い，学び合いを行える協力的な学習活動を期待したい。鉄棒の高さから身長別にしたり，能力別に等質グループをつくって，段階に応じた共通課題を学ばせたりしていくという考え方もあるが，ここでは，ぜひとも各グループにできる子とできない子が含まれた異質グループで学ばせていきたい。ただし，グループ学

習を固定的に考えず，練習の内容や方法によって，共通課題をもつ子どもを集めるといった方法で練習することがあってもよい。

5. 学習カード

　学年に応じた学習カードをもたせ，学びの進歩の度合いや状況をとらえ，次の課題を把握する資料にしていく。このことが，学習の喜びと意欲につながる。内容は，種目の説明，技術ポイント，習得した種目の記録欄，連続技の練習プランなどである。また，学習の感想を記入できるようにしておくと，子どもたちの学びの履歴を残すことになり，実態把握にも役立つ。新しい技の名称などは，どの子にもわかるように，全体に徹底させていく必要がある。グループカードや個人カードが考えられるが，個人のめあてに対応できるよう，個人カードの方が使用しやすいだろう。

Ⅱ 鉄棒運動の内容と指導のポイント

1 単一種目とその指導

1 とびあがり

1) やや低い鉄棒に
とびあがる

2) 腰, ひざを
よく伸ばす

3) 静かに下に
とびおりる

ひじを
伸ばす

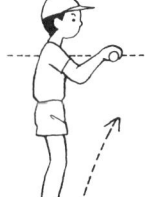
①胸の高さの鉄棒に
とびあがる

②目の高さの鉄棒に
とびあがる

③足の位置を少し
はなしてとびあ
がる

④鉄棒からはな
れてとびあが
る

2 後ろおり

(1) 後ろとびおり

鉄棒の上に腕立ての姿勢をとり，そこから後ろにおりる。

1) 胸をしっかり伸ばす

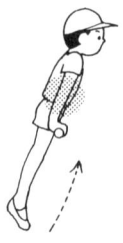

2) 腕で鉄棒を押すようにして軽く下におりる

(2) 後ろとびおりのいろいろ

①足を後方に軽く振り出しておりる

★下半身の振りを使う

②足を後方にやや大きく振り出しておりる

手を押しはなす

★少しはなれて着地する

③おりるとき横向きになる

★体を1/4回転させる

④おりるとき後ろ向きになる

★体を半回転させる

3 前方回転おり（前まわりおり）

(1) 前方回転おり

1) とびあがって腕立てけん垂の姿勢をとる
2) 鉄棒に腹をのせ，ゆっくりまわる
3) 足を鉄棒からはなさないでおろす
4) 静かに着地する

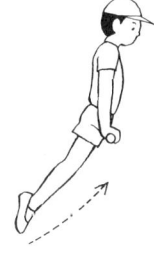

鉄棒を足でこするようにする

(2) 前方回転おりのいろいろ

①ひざを伸ばしたまま静かに足をおろす

足が鉄棒からはなれないようにする

②腕を伸ばしたままで足をおろす

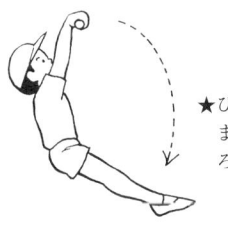

★ひざを伸ばしたままゆっくりおろす

③着地するときは音がしないよう静かにゆっくりつくのがよい

静かにおろす

④鉄棒の真下に着地するか，それより手前に着地できるようにしてみる

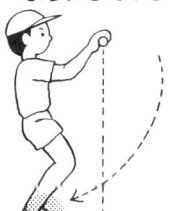

ここまで静かにおろす

4　足ぬきまわり（後ろまわり，前まわり）

(1) 足ぬき後ろまわり

1) 片足を振りあげ他の足で地面をける
2) 両足をそろえて上にあげる
3) 両手の間を通してまわる
4) 静かに足を地面につける

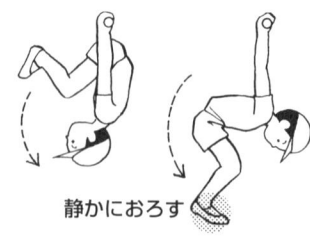

静かにおろす

(2) 足ぬき後ろまわりのいろいろ

①両足を同時にけりあげて足ぬきまわりをする

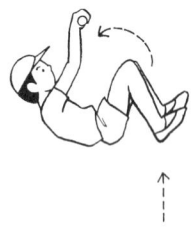

②少し高い鉄棒で地面をけらずに足をあげる

③足のあがらない人は，片足を鉄棒にかけてよい

★低い鉄棒だとやりやすい

④わきに補助者をつけ腰を支えてもらう

★腰を軽く支えるだけにする

(3) 足ぬき前まわり

1) 背中の方から手をあげて鉄棒をにぎる
2) 地面をけって腰からあげる
3) 足をちぢめて両手の間を通す
4) 前にまわって静かに足をおろす

★順手でも逆手でもよい

★両足でける

首をさげる

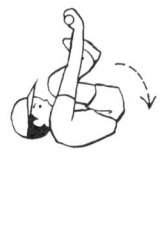

(4) 足ぬき前まわりのいろいろ

①足をあげるとき，地面をけらずに腰から引きあげる

地面から足をはなしておく

②前にまわって地面に足をおろすときは，ゆっくり静かにおろす

音がしないように

③体を反らしてさかけん垂のかたちになる

しっかり止める

④足首を鉄棒にかけて体を反らす

⑤足を途中までおろし，またもとに戻す

5 こうもり，おさるの絵かき

　こうもりのようにさかさまにぶらさがるところからこの名前がつけられたようであるが，両足かけさがりである。

(1) こうもり

1) 足ぬき前まわりをするように地面をけって腰をあげる
2) 両足を鉄棒にかけ，ひざをまげる

しっかりかける

 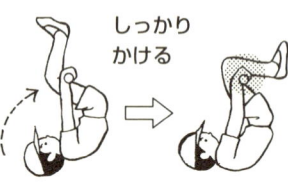 

(2) おさるの絵かき

1) 片手はなしをしてみる 左手右手どちらでもはなせる
2) 片手をはなして下を向く
3) 下を向いたら地面に字や絵をかくまねをする

ひざをしっかりかける。軽く補助者が足を押さえてもよい

  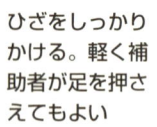 

(3) こうもりの両手はなし

1) 両手をはなしてゆっくり地面につける 片手ずつはなしてもよい
2) 両手がついたら腰の力をぬいて体を伸ばす しっかり手をつく
3) 補助者を決め横から足を軽く押さえ，ひざがはずれないようにする

軽く押さえる

腰の力をぬく

 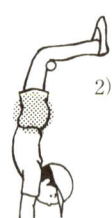 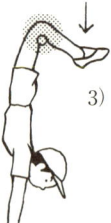

6 こうもりおり

(1) こうもりおり

1) 地面に両手をつける　2) 足をはずす　3) 下におろす

(2) 安全なこうもりおり

鉄棒の真下より手前に手をついていると、体重を支えきれないで頭からくずれ落ちることがあるので注意する。

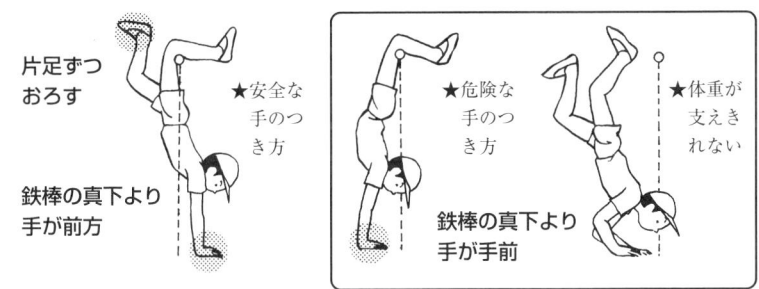

(3) 振動のこうもりおり

両足をかけたまま体を軽く振動させ、前方に振れたときに足をはずしておりることもできる。手が地面にすぐつく高さを選んで行う。

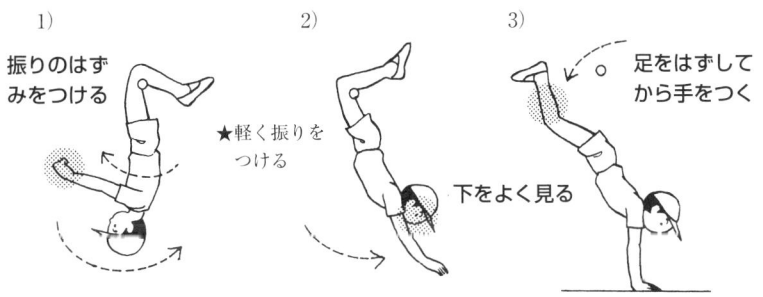

7　地球まわり

（1）地球まわり

　この種目は，鉄棒を中心として振動したり回転したりするのでなく，両腕を軸として回転する。子どもたちには人気のある種目であり，比較的容易にできるものである。

1) 両足をかけてさがる

2) 両手は足の間で鉄棒をもつ

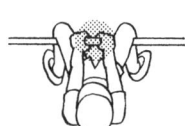

足の間をもつ

3) 両手を交差させて一方を逆手にする

4) かけている足をはずし，両足が下に落ちないようにする

足をはずす

5) 腕のねじれで自然に回転がはじまる

6) 半回転すると止まる。止まったら両足を鉄棒にかける

腕のねじれが直る

（2）地球まわりのいろいろ

　腕のねじり方によっては1回転させることもできる

上図3)の図の順手をさらに右に1回まわしてねじり，逆手にする

　鉄棒の上に腰かけ，下に回転しておりながら地球まわりにつなげるのもおもしろい

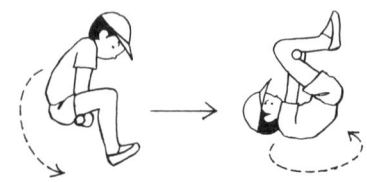

8 さかあがり

(1) いろいろなさかあがり

①片足ふみきりのさかあがり

②両足ふみきりのさかあがり

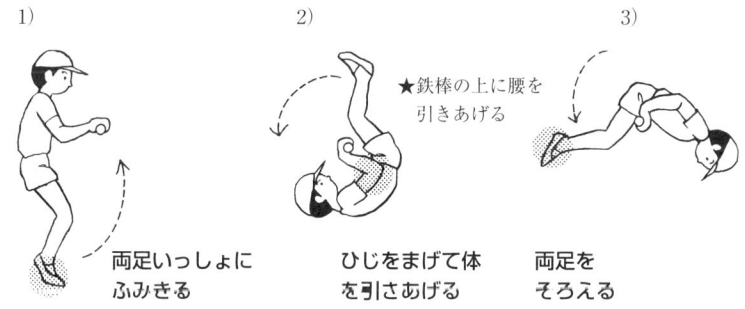

③地面をけらずにあがるさかあがり

1) 地面をけらずに静かに足を あげ，体を引きあげていく

2) 両足をそろえ，よく 伸ばしていくとよい

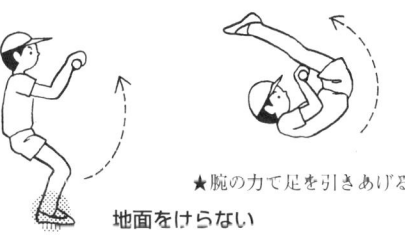

(2) さかあがりの足のけり方の工夫

さかあがりでは、足の地面をける場所によってやりやすさが変わってくるので、いろいろなけり方を工夫してみるとよい。

①片足ふみきりのさかあがり

ふみきりを鉄棒の真下の手前、真下、前方に分けて行う。

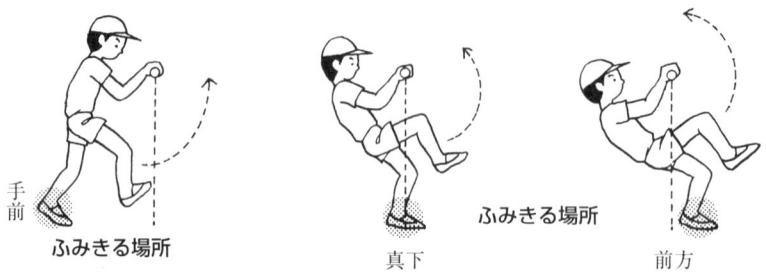

②両足ふみきりのさかあがり

鉄棒の真下よりやや手前からふみきったときのけり方と、真下や前方からけったときの足の振りあげの方向のちがいに気づかせる。

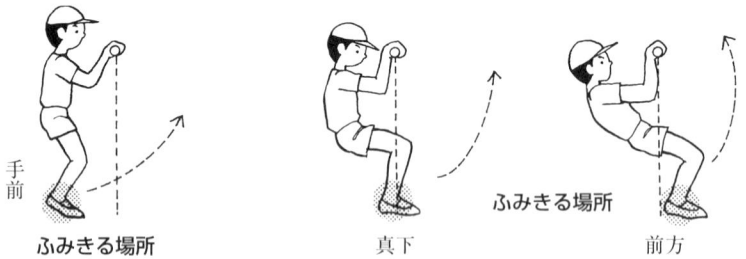

(3) 鉄棒の高さを変えてさかあがりをする

①胸から顔の高さでさかあがりをする

②顔から頭の高さでさかあがりをする

③頭より高い鉄棒でさかあがりをする

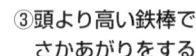

(4) さかあがりのできない子どもの指導

①さかあがりの補助法

片側または両側から腰のあたりを支えてやる。支え方はできるだけ軽くし，自力であがる力やコツを養うようにする。

②2人組のさかあがり補助法

1) 背中と背中を合わせて1人がさかあがりをする。うまく呼吸を合わせる
2) 背中を合わせながら下の者は後ろにさがる
3) あがったら下の者ははなれる

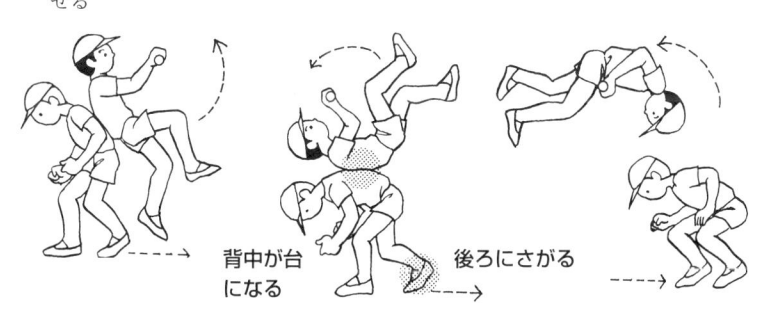

③道具を工夫して練習する

とび箱の上部を使い，それをけってさかあがりをする。

板などを斜めに立て，その斜面を使ってさかあがりをする。

(5) さかあがりの力試し

①前まわりおりの途中からさかあがりをする

鉄棒の上から前まわりおりをし,少し腰をおろしたところで,また逆に戻してさかあがりをする。

1) ゆっくりと前にまわる
2) どこまでおろしたかはももの場所で見るとよい
3) さかあがりでもとにもどす

★鉄棒を足からはなさない

②連続さかあがり（10秒間で何回できるか）

片足ふみきりのさかあがりで,できるだけ速く連続して行う。
10秒間に何回できるか記録をつけるとよい。

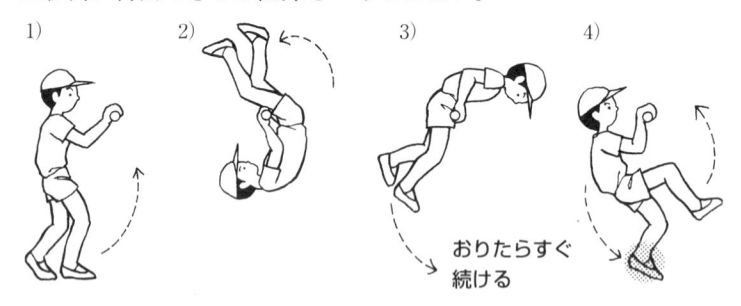

1)　2)　3)　4)

おりたらすぐ続ける

③さかあがりからすぐにおりる

さかあがりの回転を速くし,上に止まらずに下におりる。
できればあがっても腹が鉄棒につかないようにする。

1)　2)　3)

手首をかえして体を支える

★鉄棒と腹の間をあけたまま回転する

腕で鉄棒を押さえる

★上に止まらずに下におりる

9 ひざかけあがり（足かけあがり）

（1）いろいろなひざかけあがり

①両手の間に足をかけてからのひざかけあがり

1) 足をかけてから振りはじめる
2) 振りおろして後方に強く振る
3) ひざかけ腕支持の姿勢になる

両手の間に足をかける
ひざを伸ばす
腕を伸ばす
★大きく振りをつける
あごを引く

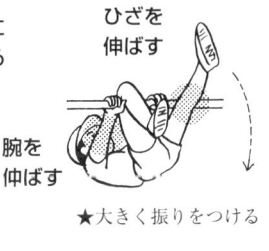

②両手の外に足をかけてからのひざかけあがり

1) 両手の外に足をかける
2) 大きく振りをつける
3) ひざかけ腕支持の姿勢になる

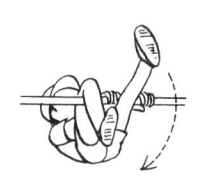

★腕をよく伸ばして体がねじれないようにする

③振りから足をかけてのひざかけあがり

1) 前に体を振り出し片足をまげてくる
2) 振りに合わせて片足を鉄棒にかける
3) ひざかけであがる

腕をよく伸ばす
地面をけってよい
★大きく後方へ振ってあがる

(2) ひざかけあがりの練習

①大きな振りの練習

1) 伸ばした足を振って大きな振動をつくり出す
2) 肩がよく振れることが大切
3) 後方にもよく振るようにする

よく伸ばす
★大きく振る
肩がよく振れる
ひざを伸ばす

②手の押さえの練習

地面をけってあがる。手で鉄棒を押さえる。
振りに合わせて鉄棒を押さえる。
上体を前にのせて手の押さえをきかす。

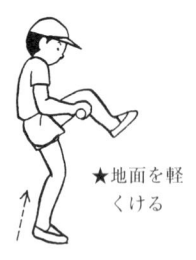

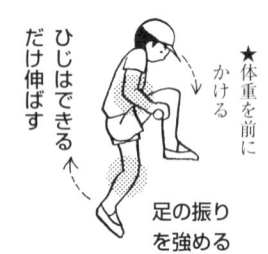

★地面を軽くける
手の押さえをきかせる
ひじはできるだけ伸ばす
★体重を前にかける
足の振りを強める

③補助の仕方

あがるときにももを支える。
わきの下を支える。
両側からの補助

軽く支えてあがるのを補助する
わきの下に手を入れて補助する

II／❶単一種目とその指導　39

（3）振動から足をかけるひざかけあがりの練習

1) 肩位の高さの鉄棒を順手でにぎり、足を前に振り出す

2) 腕を伸ばし、肩も伸ばして前方に振り出す
   腕をよく伸ばす

3) 前に振り出したら片足を振りあげる
   振りあげ足
   地面をける

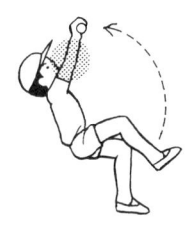

4) 両手の間に片足を入れる振りが戻ってくる前にすばやく入れる
   すばやく入れる

5) 中足かけをする（外足かけでもよい）

6) 足をかけたらひざかけあがりをする
   足を大きく振る

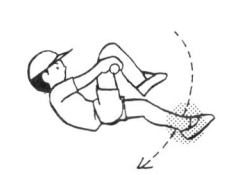

7) 伸びている足をよく振ってあげる
   あごを引く
   足をよく伸ばす

8) 手をかえして鉄棒の上にあがる
   手首をかえして押さえる

9) ひざかけ腕支持になる

(4) ひざかけ後ろあがり

①前からあがるひざかけあがりが、自由にできるようになったら、後ろからあがるひざかけあがりも練習してみる

1) 後方から大きく前に振り出す 
2) 腰を速く鉄棒の上に引きあげる 
   ★鉄棒の上後方に振りあげる
3) 腕で体を引きあげる
   手首をかえして押さえる

②補助の方法としては、体があがってきたときに、肩を支えるようにする
   肩を下から支える

③腰を鉄棒の上に引きあげると同時に手首をかえす
   手首のかえし
   ★手首をかえしたところ

④できるだけ後ろに大きく振り、振動全体を大きくする
   後方に大きく振る
   腰を鉄棒からはなす

⑤鉄棒の上後方に強く振りあげる　さかあがりのように腰を鉄棒の上にのせる
   腕で上体を引きあげるようにする

10 ももかけあがり

(1) 振動から足をかける練習

1) 肩位の高さの鉄棒を順手でにぎり，足を前に振り出す

順手で にぎる

ひざをまげて 前方に振り出す

2) 腕をよく伸ばし前方に振り出す

腕を伸ばす　大きく振り出す

3) 前に振り出したら地面をけって両足を振りあげる

地面をけって 足をあげる

★振りの先端で片足ずつけりあげる

4) 一方の足を両手の間に入れる

この足も上まであげる　この足を鉄棒のそばに近づける

5) 両足のひざをよく伸ばして，鉄棒をはさむようにする

前上方に両足を伸ばしていく

6) 体の振りの戻りに合わせて前上方に足を引きあげる

腕の引きで上体を起こす

(2) 足の引きあげからあがる練習

1) ひざをまげないこと両足をできるだけそろえること

前上方に伸ばす

★振りの戻りに合わせる

2) 体の振動と両足と腕の引きをうまく合わせる

腕の押さえももで鉄棒を押さえる

★両足のひざを伸ばす

3) ももで鉄棒を押さえ両腕で鉄棒を押さえるようにしてあがる

★体を前に出して鉄棒の上にのる

11 後方ひざかけ回転（足かけ後転）

(1) 後方ひざかけ回転の練習

後方ひざかけ回転は，前ページのひざかけ後ろあがりと同じである。ひざかけ後ろあがりがうまくできないときに，鉄棒の上から片ひざかけの姿勢で振りおろすと，勢いがついてやりやすい。

1) 片ひざかけ腕支持の姿勢

順手

2) 腰をあげて振りおろし準備

腰を鉄棒からはなす

3) 勢いをつけた振りおろし

大きく振りおろす

4) あごをひいて胸を張る
   回転を大きくする

腕や体を十分に伸ばす
ここの振りを強める

5) 鉄棒の上後方に振りあげる

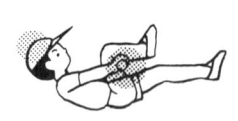

頭を後方になげ出すように

腰もいっしょに引きあげる

6) 腰を速く鉄棒の上にのせる

手首をかえして体を引きあげる

(2) 後方ひざかけ回転の振りおろしの練習

①はじめは振りおろしを小さくする

★すぐ下に体をおろすように振りおろす
★手は順手にもつ
★ゆっくり体をおろす

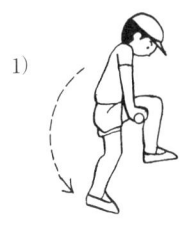

★腕を少しまげて体を小さくすれば小さくまわれる
★はじめは腕をややまげていると安心してできるが，徐々に伸ばさせる

1)

2)

②腕を伸ばして，振動を大きくする

★腕を伸ばして振りおろすと振動は大きくなる

★振動の最後まで腕を伸ばしている
★大きく振れるようにする

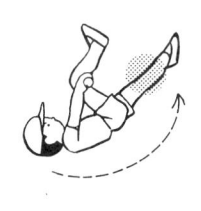

腰は鉄棒からはなす
腕を伸ばす

脚はよく伸ばす

③体全体を鉄棒からはなしていくと振動は大きくなる

★体を浮かすようにして体を鉄棒からはなす

★上体を後ろに思いきり倒すようにして回転をはじめる

1)
腰をあげる

2)
後方へ倒す
腕を伸ばす

(3) 後方ひざかけ回転の補助法

①回転後半に体を支える

回転して体が鉄棒の上にあがってきたら，両側（または片側）から肩を支える。

★できるだけ自力であがれるように軽く支える

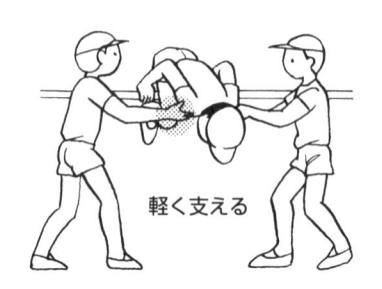

軽く支える

②回転スピードを助ける

ひざかけで振りおろされてきたとき，肩を軽く回転方向に押して，振りの強さを助ける。

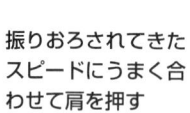

振りおろされてきたスピードにうまく合わせて肩を押す

★肩を強く押しすぎると危険なので注意する

③上体の引きあげを助ける

回転して体が鉄棒の上にあがってきたときに，ひざの裏側またはももの裏を手で軽く押さえると，体を引きあげる助けとなる。

★腰をまげずに足を伸ばしているようにさせる

軽く押さえる

手首のかえし

（4）後方ひざかけ回転の連続

後方ひざかけ回転を連続して行うときは，1回ごとの回転に入るときに，ひざかけ腕支持の姿勢を立て直し，振りおろしをしっかり行うことが大切である。

①回転に入る最初の動作を大きくする

1) 腰をあげく大きく回転に入る

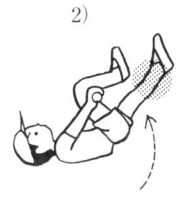

2) 足の振りを強める

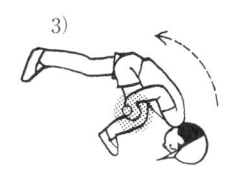

3) 手足をかえして体を起こす

4) 体があがってきたら速く体を起こす

5) 腕支持の姿勢を立て直して回転に入る

上体を起こす

大きく振りおろす

★腰をあげて大きく回転に入る

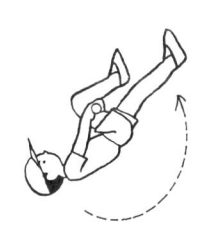

②回転のスピードをあげたり，回転力を強める場所

★背中から思いきり後方に倒して回転のはずみをつける

腕を伸ばし胸をはる

大きく振る

腰を引きあげる

12 前方ひざかけ回転（足かけ前転）

(1) 前方ひざかけ回転の練習

　前方ひざかけ回転は，ひざかけあがりの連続であると考えればそれほどむずかしくない。しかし，通常は鉄棒を逆手ににぎるので，回転力をやや強めることと，手首をかえして鉄棒を押さえるところが練習のポイントになる。

1) 片ひざかけ腕支持の姿勢（逆手）

背を伸ばす　腕を伸ばす

2) 腰をあげて振りおろし準備

逆手

3) 勢いをつけた振りおろし

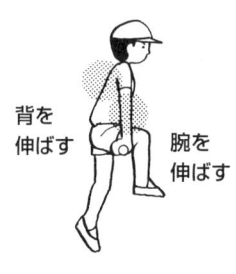

腰を伸ばす

胸をはって回転を大きくする

4) 胸をはって回転を大きくする

5) 足の振りを使ってあがる

6) 手首をかえし鉄棒を押さえる

★腕を伸ばし胸をはって回転力を強める

★体があがってくるところで足を振る

足の振りを使う

★ひざかけあがりのようにあがる

手首のかえし

(2) 前方ひざかけ回転の振りおろしの練習

①はじめは腰をまげて小さく振りおろす

1) すぐ下に体をおろすようにする

順手のときは
深くにぎる

★順手にもったときには，回転に入る前に深くにぎりかえす

2) 振りおろしたら，足を振ってひざかけあがりをする

★まわりはじめたら腕を伸ばす

②腕を伸ばして大きく振りおろす

1) 逆手でもつ

★鉄棒を足ではさむようにする

2) 足を振って全体の振りを大きくする

★逆手のにぎりがはずれないように注意する

③腕を伸ばし，胸をはって大きく振りおろす

1) 腰をあげ，腕をしっかり伸ばし胸をはって大きく振りおろす

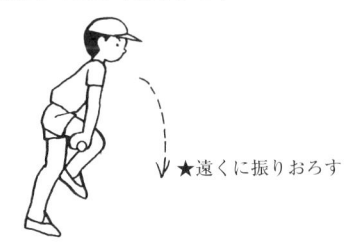

★遠くに振りおろす

★頭や上体が振動のはずみをつける役目をするように大きくまわる

2) 鉄棒の真下でも大きく振れるように体を伸ばす

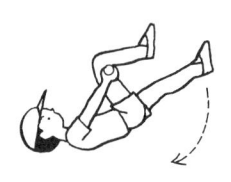

(3) 前方ひざかけ回転の補助法

回転後半に体を支える。

回転してきた動きに合わせて,鉄棒にあがる寸前で補助する。

軽く支える

★片方の手で背中を支える
　他の手でわきの下を支える

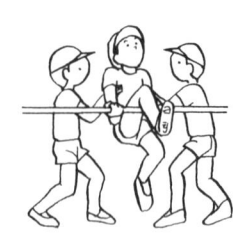

★両側からわきの下を支える

(4) 前方ひざかけ回転

前方ひざかけ回転を連続して行うときは,上にあがってから次の回転に入る姿勢に注意し,胸を張って大きな振り出しをするように努める。

1) 2) 大きく回転する 3) 手首をかえす 4) 上体を起こす

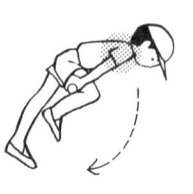

★回転に入るときは,胸をはり,顔を起こして,大きなはずみ車をまわすようにスピードをつけて回転する

★1回転して鉄棒にあがったら,そのままの姿勢で次の回転に入るのでなく,もう1度体を伸ばして大きく回転する

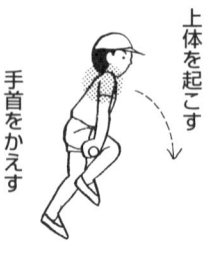

13 前方ももかけ回転

(1) 前方への振りおろしの練習

1) 逆手でもつ
2) 胸をはり，両足をよく伸ばす
3) 腰を伸ばし高い位置に保って振りおろす

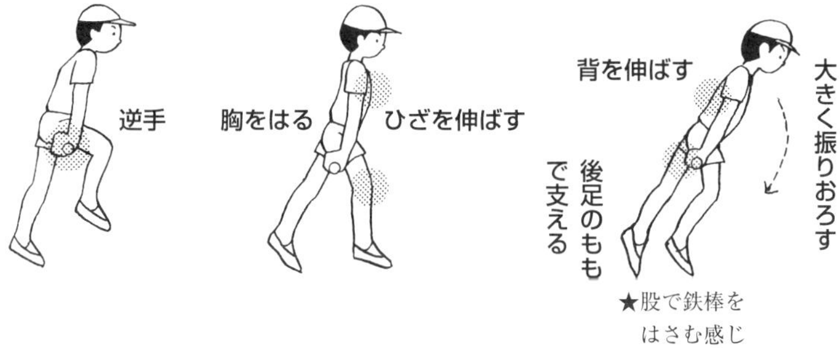

逆手　胸をはる　ひざを伸ばす　背を伸ばす　後足のももで支える　大きく振りおろす

★股で鉄棒をはさむ感じ

4) 胸をはったまま大きく振りおろす

〈悪い例①〉
腰がまがると回転力がなくなる

〈悪い例②〉
上体がまるまってしまうと，回転力が弱くなる

腰をまげない　大きく振りおろす

★下半身が回転しない

★回転のはずみがつかない

(2) 回転後半の練習

1) かけている足のももで鉄棒を押さえるようにする
2) 上体を前方に振りこむようにしてあがる
3) 手首をかえして鉄棒を押さえる

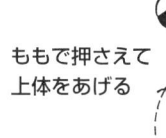

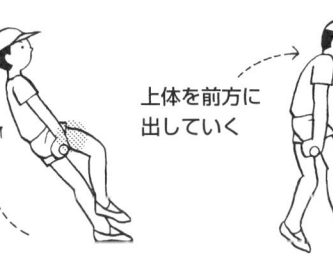

ももで押さえて上体をあげる　上体を前方に出していく　手首をかえす

14 転向前おり

(1) 転向前おりの練習

1) 片ひざかけ腕支持になる

★初めは両方順手でよい

2) 足をかけている方に体重をかける

逆手にもちかえるとよい

3) 伸ばしている足を鉄棒の前に出しておりる

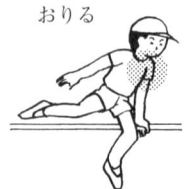

上体の体重を十分に支える

(2) 転向前おりの工夫

①おり方を工夫する

1) 大きい動作で行う

2)-① 鉄棒を背にして正面を向いておりる

2)-② 鉄棒を横にして向きを90°変えておりる

②足の振りあげを大きくする

前後にはずみをつける

★伸ばしている足を軽く後方へ振りあげるようにしてはずみをつける

★腰を高く保ち,大きく足をあげて前方に足をまわす

（3）転向前おりの補助法

①重心の移動を補助する

重心を横に移していきながら，次に重心を前に移していく。

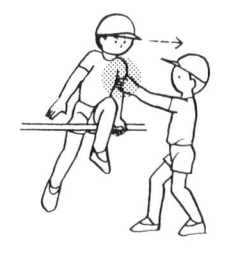

手前に軽く引く

★重心を横に移すと，片手とかけた足に体重がのってくる。もう一方の手が自由になり，足を振りあげて前に出すことができる

★重心を前に移すと，横を通った足を前に出し，前にとびおりることができるようになる

②鉄棒の上でのバランスのとり方をつかむ

重心を横前にかける

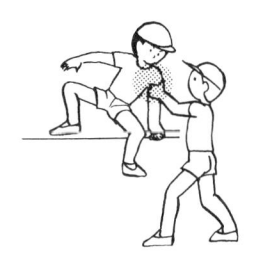

手で鉄棒を押す

軽く前に振る

★片ひざかけから伸ばしている方の足を鉄棒にかける。不安な場合は補助をする

★鉄棒に腰をかけるここでバランスをとる

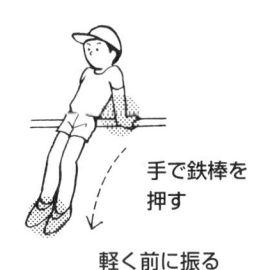

★腰をかけた姿勢から前におりる

15 ふみこしおり

(1) ふみこしおりの練習

1) 腕支持の姿勢になる
2) 一方の足を鉄棒にかける
3) 一方の手をはなし他の腕に体重をかける

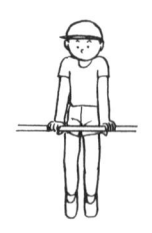

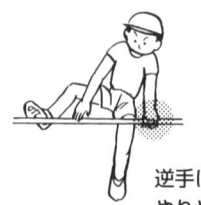

逆手にもつとやりやすい

重心がのる

4) 鉄棒にかけた足で鉄棒を押さえながら両足を前に出す
5) 両足を前に出して鉄棒をこえる
6) 着地する（横向き）

横前方に重心が移る

着地の仕方は，鉄棒を背にした正面向きもある。

4′)　5′)　6′)

★正面を向いて着地

（2）ふみこしおりの補助法

①重心の移動を補助する

転向前おりと同様に重心を横前方に移していく。

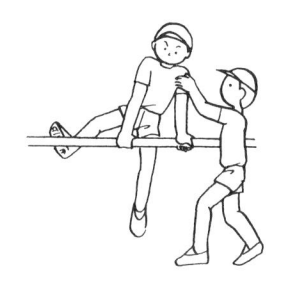

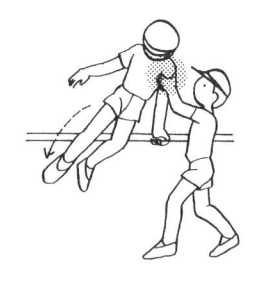

横前方に引くようにする

★補助者は腕のつけ根をにぎり，横前方に肩を引くようにしていく

②足のかけ方を変えてみる

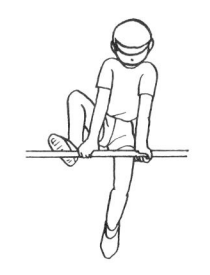

横前方に引くようにする

③鉄棒の上にあがってバランスのとり方をつかむ

1)　　　2)

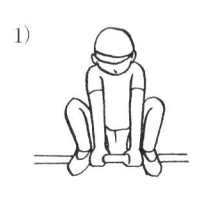

★両足をのせてバランスがとれるようにする

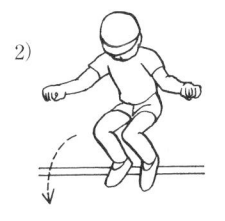

★安全に前へとびおりる

16 後方支持回転（腕立て後転）

(1) 後方支持回転

1) 腕支持の姿勢になる

腕を伸ばす

★腹を鉄棒にのせて姿勢を安定させる

2) 下半身を軽く振りあげる

★足を後方に振りあげるようにして体を浮かせる

3) 背中から倒すように回転に入る

鉄棒を腹につける

★初歩の段階ではひざをまげると回転がしやすい

4) 回転中に腰が鉄棒からはなれないようにする

鉄棒の上後方に足を振りあげる

★ここで回転力が落ちると回転ができない

5) 鉄棒の上に腰を速くのせる

★腹を鉄棒の上にのせて回転を確実にさせる

6) 手首をかえして腕立ての姿勢になる

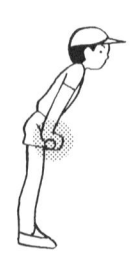

手首をかえして腕の支えをしっかり行う

(2) 後方支持回転の段階的練習

①連続さかあがりの練習

　さかあがりを連続して行うことで，後方支持回転の回転感覚をとらえる。できるだけ速く行うとよい。

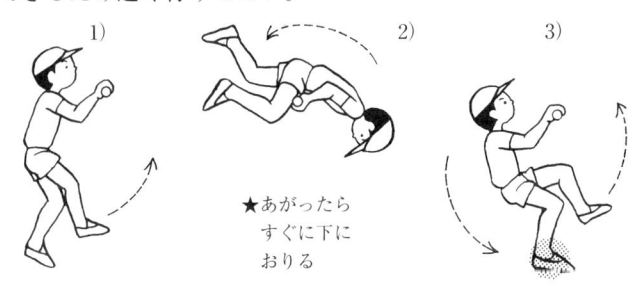

1)
2) ★あがったらすぐに下におりる
3) 着地の場所を鉄棒の真下にする

②振りを小さくして後転に入る

　鉄棒の上から振りを大きく使うと，はじめはこわいので，小さく振って後転に入る。後転に入ったら体を小さくまるめて回転しやすいようにしてみる。

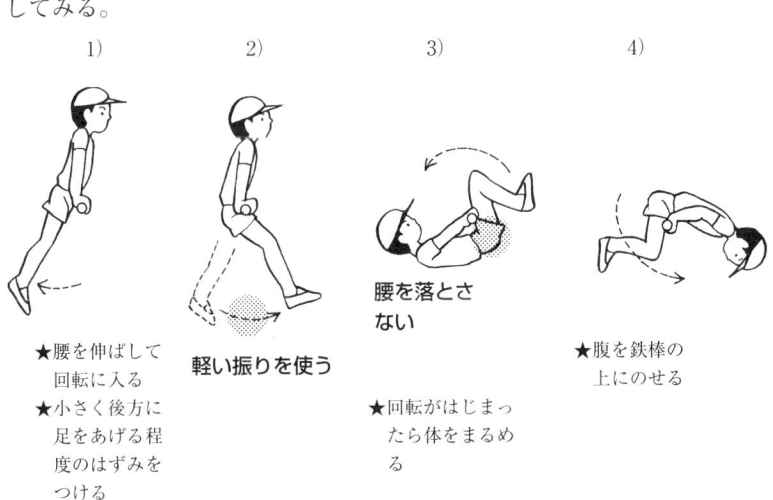

1) ★腰を伸ばして回転に入る
　★小さく後方に足をあげる程度のはずみをつける
2) 軽い振りを使う
3) 腰を落とさない
　★回転がはじまったら体をまるめる
4) ★腹を鉄棒の上にのせる

③補助具を使った練習

　後方支持回転では，回転に入ってすぐに腰が鉄棒からはなれ，下に落ちてしまうことが多い。（下図参照）

　そこで，手ぬぐい，または鉢巻きのような細長い布を使って後方回転の練習をする。

❖ 腰が落ちて回転ができない例 ❖

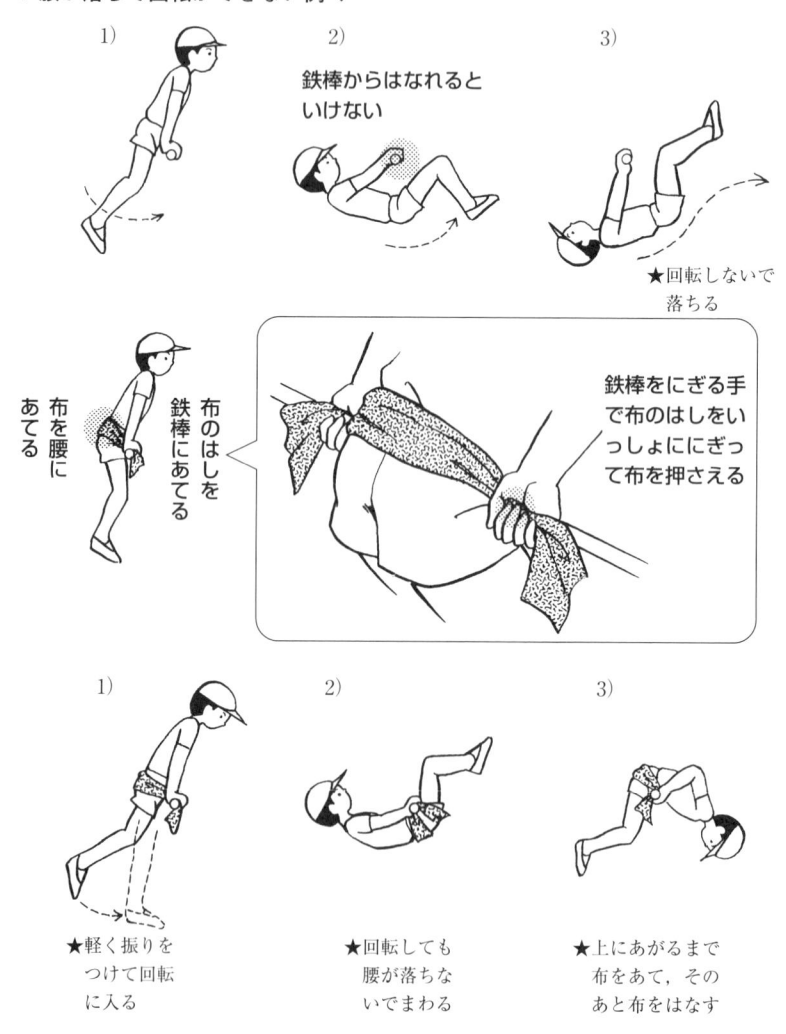

1)
2) 鉄棒からはなれるといけない
3) ★回転しないで落ちる

布を腰にあてる　布のはしを鉄棒にあてる

鉄棒をにぎる手で布のはしをいっしょににぎって布を押さえる

1) ★軽く振りをつけて回転に入る
2) ★回転しても腰が落ちないでまわる
3) ★上にあがるまで布をあて，そのあと布をはなす

④ひざを伸ばした後方支持回転

体をまげた後方支持回転ができるようになったら，はじめの振りを大きくしていき，ひざを伸ばして回転ができるようにする。

1) 足をやや大きく振りあげてから，回転に入る
2) ひざを伸ばして回転する
3) 回転の終わりまでひざを伸ばす

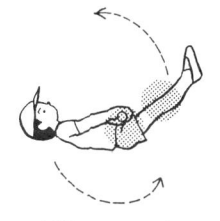

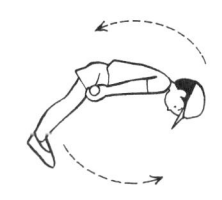

ひざを伸ばす

鉄棒をはなさない

⑤腰を伸ばした後方支持回転

はじめの振りを大きく使い，勢いをつけて回転する。ひざも腰も伸ばしたまま大きな回転をする。

1) はじめに腰をまげ，反動を使って足を振りあげる
2) 大きく足を振りあげて，回転の勢いをつける
3) 下半身の振りを十分に使って回転する
4) 腰を伸ばしたままで回転する

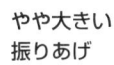

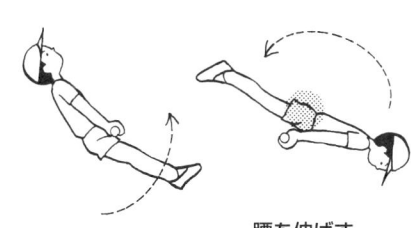

やや大きい振りあげ

腰を伸ばす

(3) 後方支持回転の連続

腰を伸ばした後方支持回転ができるようになると，連続回転をするのは容易である。1回の回転の終了時に腰が伸びていると，それが次の回転の振りに活用できる。

1) 大きく振りあげる
2) 腰を伸ばして回転する
3) 体が起きてきたときに腰をよく伸ばし，その腰をまげて次の回転の振りに使う

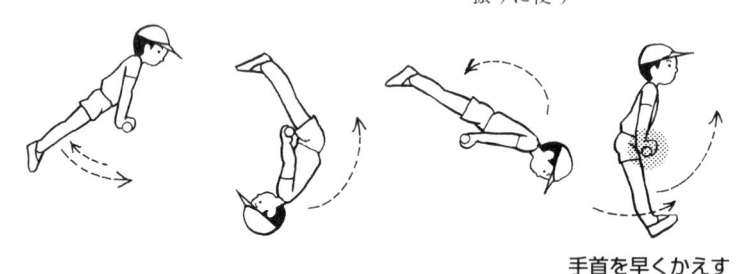

手首を早くかえす

(4) 浮き腰後方支持回転と連続回転

回転が大きくなってくると，体が鉄棒についていなくてもまわれるようになる。回転のはじめから，鉄棒と体をこぶしひとにぎりほどあけて回転をはじめ，回転終了まで浮き腰でまわると連続回転もうまくできる。

1)　　2)　　3)　　4)

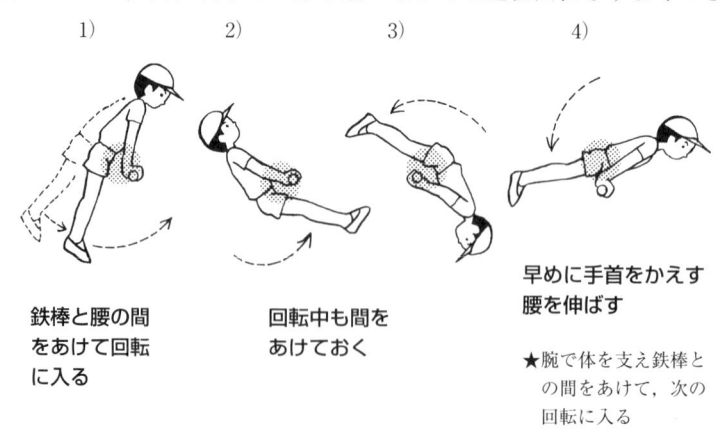

鉄棒と腰の間をあけて回転に入る

回転中も間をあけておく

早めに手首をかえす
腰を伸ばす

★腕で体を支え鉄棒との間をあけて，次の回転に入る

(5) 浮き腰後方支持回転（ともえ）

　浮き腰の後方支持回転ができたら，回転の終わりに体を後方に送り，着地してみる。これは「ともえ」ともいわれ，高鉄棒では後転からそのまま棒下の振りに連続させる場合に使う技である。

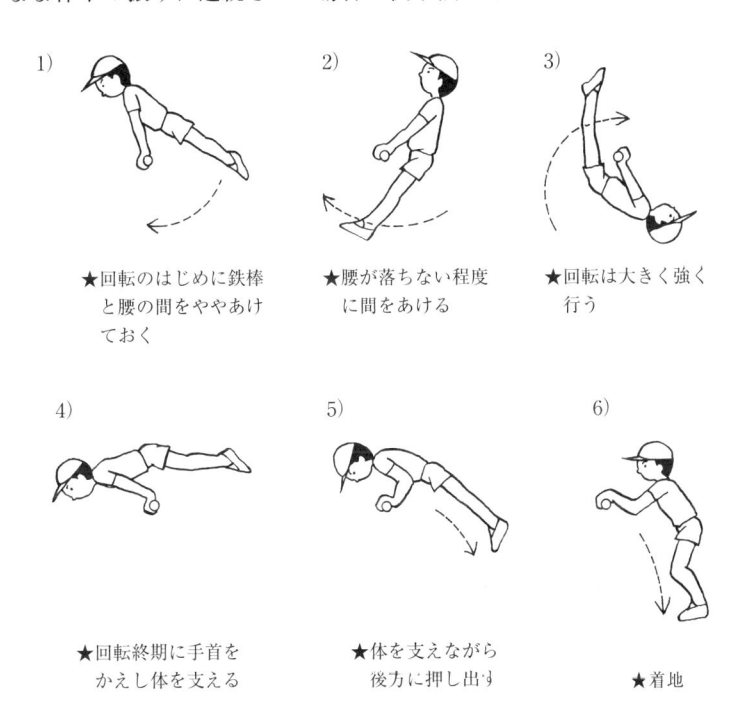

1)
★回転のはじめに鉄棒と腰の間をややあけておく

2)
★腰が落ちない程度に間をあける

3)
★回転は大きく強く行う

4)
★回転終期に手首をかえし体を支える

5)
★体を支えながら後方に押し出す

6)
★着地

(6) 後方支持回転の補助

　★片側または両側に補助者が立ち，背中や腰を下から支える
　★強く押しあげないで，自力でできるように支えてやる

17 前方支持回転（腕立て前転）

(1) 前方支持回転

1) 腕支持の姿勢から，腰とひざをまげて回転する

2) 顔を起こし胸をはって大きく回転するように，はずみをつける

3) 上体の回転に伴って下半身もいっしょに回転させる

腰をまげる

胸を起こす

強くはずみをつける

4) 体が起きあがってきた回転後半は，スピードを強め，手首をかえして鉄棒を押さえる

5) 手首をかえして鉄棒を押さえ，鉄棒から体がはなれないようにする

6) 回転が終わったら腰を伸ばして腕支持の姿勢となる

腰が下に落ちないようにする

上体を前に出す
手首をかえして押さえる

(2) 前方支持回転の段階的練習

①前方回転おりの回転を強める練習

　前方回転おりをするとき，上体の回転を徐々に大きくしていくと，下におりるだけの回転以上に体がまわってくる。これを着地の位置でくらべながら練習する。

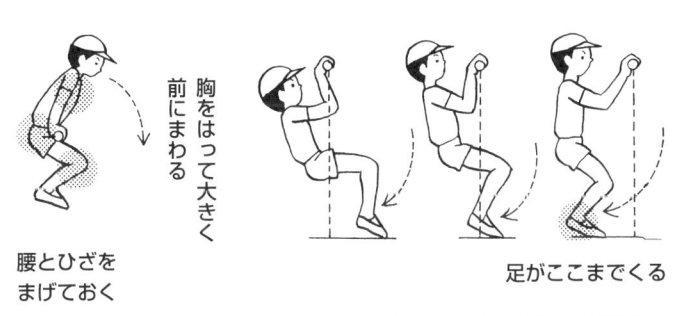

腰とひざをまげておく

胸をはって大きく前にまわる

足がここまでくる

★回転がうまくいくと，着地する場所が鉄棒の真下より手前にくるようになる

②回転を強める練習

　前方への回転を強めるためには，頭や胴体の重さを利用し，はずみ車をまわすようにして回転するとよい。そのために，いろいろな練習の方法が工夫できる。

★地面から鉄棒にとびつき，その勢いも利用しながら回転を強めることも１つの工夫である

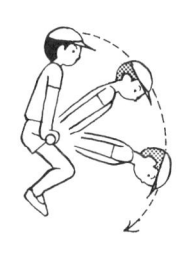

★はずみ車であるから上体をできるだけ伸ばして，大きく回転させる
★腰とひざをまげておくとよい

③前方回転おりで上体がどこまであがるかくらべてみる

　前方回転おりの回転を強めてくると，次第に1回転に近づいてくる。

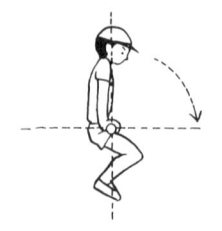

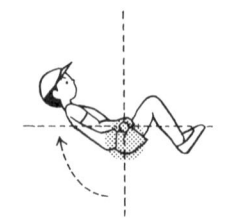

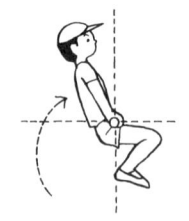

下半身も同時に
回転する

★水平の位置よりも上までまわって
　きたか，1回転の垂直の位置に近
　づいてきたかをくらべる

④下半身の動きにも注意させる

　上の図のように，上体と下半身が同時に回転するのがよい。

〈悪い例〉上体だけが回転をはじめても，下半身が回転していない。

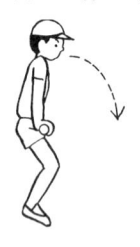

下半身がついてこない

〈悪い例〉腰が鉄棒からはなれて下に落ちてしまう。

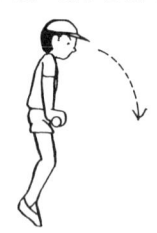

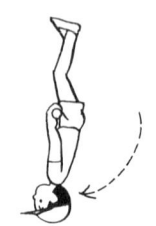

はなれてしまう

Ⅱ／**1** 単一種目とその指導　63

⑤腰の引きつけと手首のかえし

　回転の後半で腰が落ちてしまったり，回転終了直前で失敗することが多い。これは腰を鉄棒にしっかりつけておくことと，手首のかえしで最後に鉄棒を押さえることがうまくできないことが原因なので，この練習が必要である。

★大きく回転させて鉄棒をしっかりつけておく

鉄棒をはなさない

手首のかえし

★回転の後半で鉄棒を腰からはなさないように上体を前に押し出す

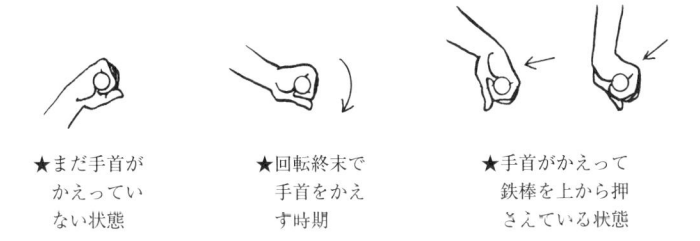

★上体を前に押し出すと同時に手首をまわして鉄棒を押さえる

❖ 回転後半の手首のかえし ❖

★まだ手首がかえっていない状態

★回転終末で手首をかえす時期

★手首がかえって鉄棒を上から押さえている状態

(3) 前方支持回転の連続

　前方支持回転を連続して行う場合は，1回の回転が終わり次の回転に入るときに，腕や上体をしっかり伸ばして大きく回転をはじめるようにする。

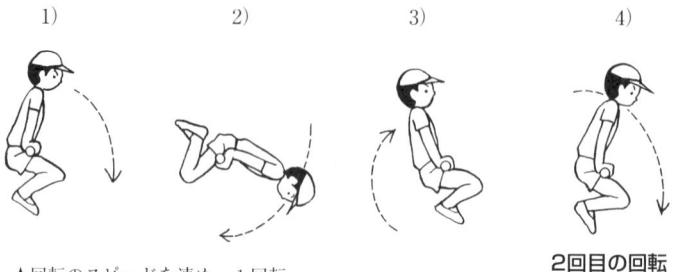

1)　2)　3)　4)

★回転のスピードを速め，1回転したときに，上体がくずれないようにあがるとよい

2回目の回転

★2回目3回目も常に大きな回転ができるように上体を伸ばす

〈悪い例〉

　次のような姿勢であがってくると，連続回転は困難である。

1)　2)　3)

鉄棒が腰からはなれている

★鉄棒が胸の近くまできて，しがみつくようにしてあがる腰が下に落ちてしまっている

腰がまがっている

★しがみつくようにしてあがって，体が一方に傾いている

腰が伸びきっている

★あがったときに腰が伸びてしまい，次の回転には入れるが，回転途中で腰が下に落ちて連続できない

（4）ひざを伸ばした前方支持回転

前方支持回転がうまくまわれるようになったら，ひざを伸ばした回転ができるとよい。ひざは伸ばしても腰はまげたままでまわる。

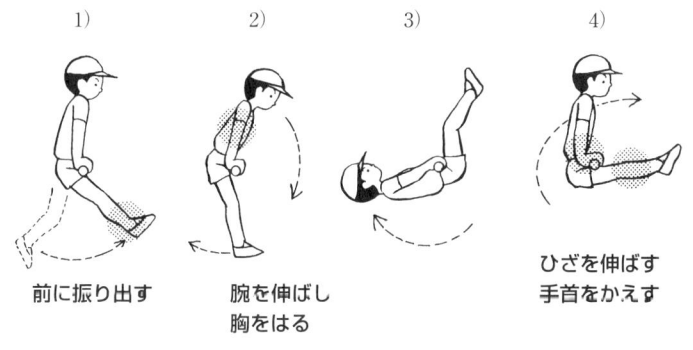

1) 前に振り出す
★足を軽く前に振り出し腰をまげる
この姿勢で前転に入る

2) 腕を伸ばし胸をはる
★上体の伸びをとり，大きな回転をする
真下での振りを強める

3)

4) ひざを伸ばす
手首をかえす
★あがってきたら手首をかえして鉄棒を押さえる

（5）前方支持回転の補助

前に回転して上にあがってきたところを支える。できるだけ自力であがれるように補助は軽く行う。

1) あがりはじめたところで腰のあたりを補助する

軽く支える

★腰が鉄棒からはなれて落ちないようにする

2) あがりきるところで腰を軽く支える

★手首のかえしがないとあがっていても下に落ちる

18 振りとび

(1) 振りとびの種類

①後方振りとび

低鉄棒なので，ひざをまげて振動し，後方に振れたところで手をはなして着地する。

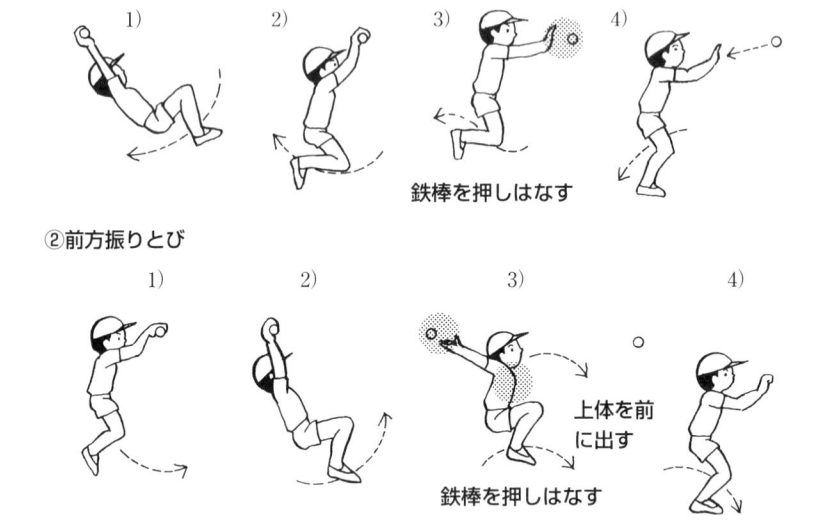

鉄棒を押しはなす

②前方振りとび

上体を前に出す

鉄棒を押しはなす

③腕支持振りとび

鉄棒の上から後方へ回転しながら前へ振りとびをする。

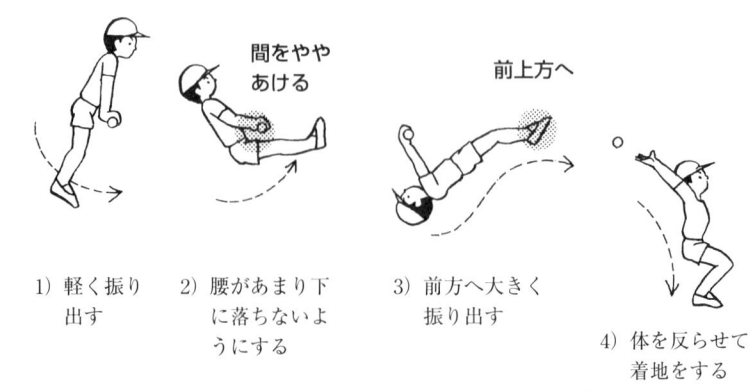

間をややあける　　前上方へ

1) 軽く振り出す
2) 腰があまり下に落ちないようにする
3) 前方へ大きく振り出す
4) 体を反らせて着地をする

(2) 腕支持振りとびの練習

①棒下からの振りとび練習

1) 地面に立ち順手で鉄棒をもつ
2) 両足をけりあげて前に足を振り出す
3) 振りを前上方に向けて、体を前に送り出す
4) 体を十分反らせて着地する

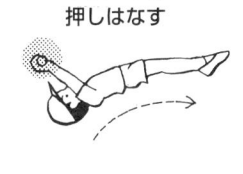

腕は伸ばす

前方に振り出す

最後に鉄棒を押しはなす

②腰が下に落ちないようにする

前方に振り出しても、途中で腰が下に落ちてしまうと振りとびにならず、腰から地面におりてしまう。

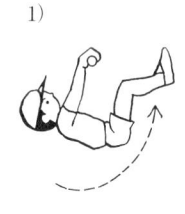

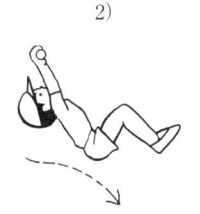

1) 2) 3)

★このまま手をはなすと危険

★前方の振り出し

体の反りと手の押しはなしがないと、背中から下に落ちる。

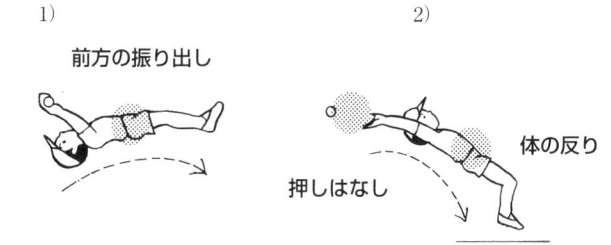

1) 2)

前方の振り出し

押しはなし

体の反り

★前に振り出されたら、体を十分に反らし、最後に手を押しはなす
　手のはなしが早いと背中から下に落ちる

③棒上からの振りとび練習

1) 最初の振りあげは小さくする
2) 後方回転のように回転に入る
3) 前方に振り出すとき腰が落ちないようにする
4) 体を十分に反らし，最後に鉄棒を押しはなす

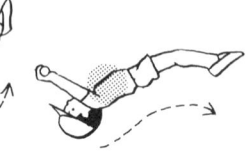

鉄棒と体の間をややはなす　　腰を下に落とさないようにする　　体をできるだけ反らす

④地面から振りとびに入る練習

棒上の腕支持姿勢からの振りとびがむずかしい場合

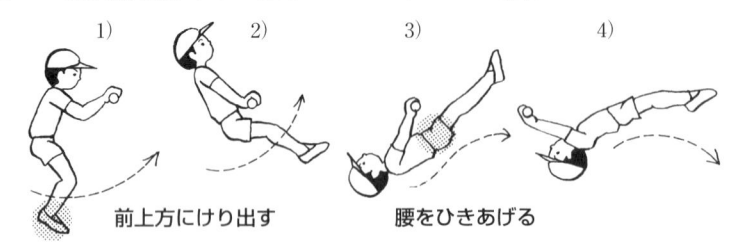

1)　2)　3)　4)

前上方にけり出す　　腰をひきあげる

★地面に立った位置から，両足をそろえて前方に振り出す。このとき，できるだけ鉄棒に腰を近づける

⑤振りとびで高くあがりすぎた場合

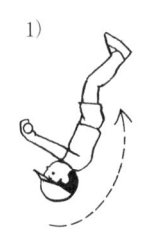

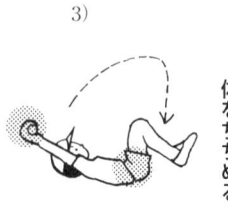

1)　2)　3)

ここで手をはなしては危険

深くにぎる　　体をちぢめる

★最初の振りが強く，振り出しの方向が上すぎて，体があがりすぎた場合

★手をはなすのが危険と判断したら，腰をまげ，鉄棒を深くにぎりかえしてもとにもどす

19 ひこうきとび

(1) ひこうきとび

振りとびの一種であるが，鉄棒の上に両足をかけ，そこから振りとびをする。

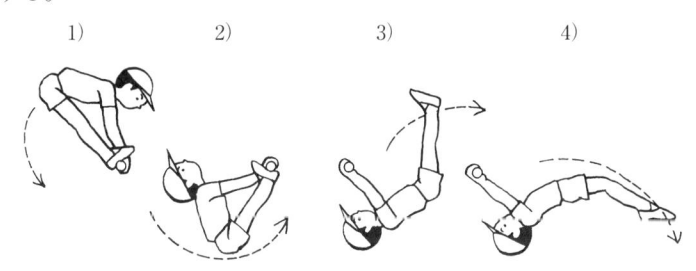

★両足を鉄棒にのせ，後方に振りおろす。足をはずして振りとびをする

(2) ひこうきとびの練習

①下から足を振りあげて振りとびをする

両足をけりあげる

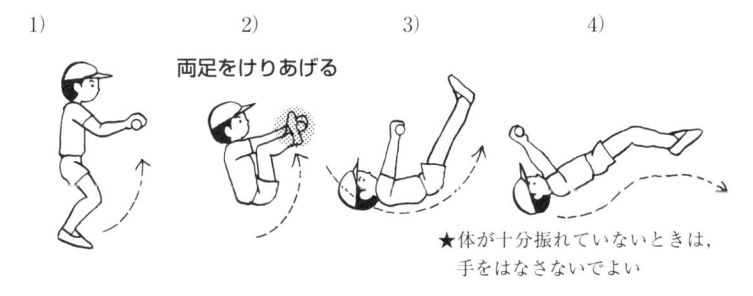

★体が十分振れていないときは，手をはなさないでよい

②鉄棒の上から足をかけ，振りおろすだけの練習

早めに足をはずす

手をはなさないで足をつく

(3) ひこうきとびのいろいろ

①足を両手の外や中にかける

★両手の外に足をかける

★両手の中にかける

★外と中にかける

②足を振りあげて鉄棒の上にのる

★はじめは片足ずつ足をあげていてよい

軽く振りあげる

腰をあげて足を上にのせる

★慣れてきたら足の振りあげを使って両足を同時に鉄棒の上にのせる

③振りとびにひねりを入れる

1) 2) 3) 4)

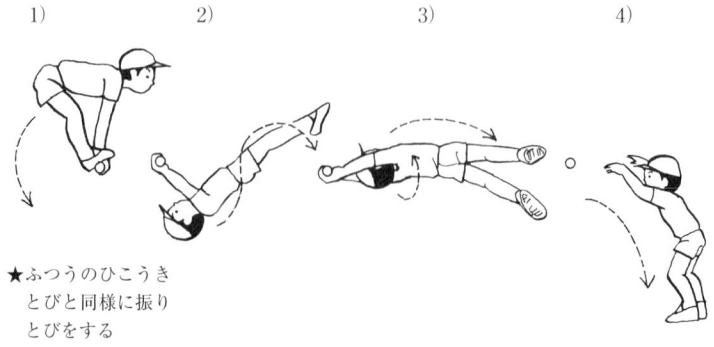

★ふつうのひこうきとびと同様に振りとびをする

★体が伸びる直前にひねりを入れる

★鉄棒の方に向いて着地をする

20 こうもり振りおり

(1) こうもり振りおり

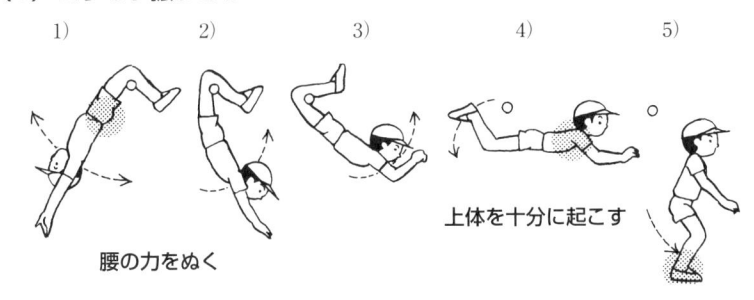

1) 2) 3) 4) 5)

腰の力をぬく　　　　　　　　　　上体を十分に起こす　　すはやく着地する

★両足かけでさがり，大きく振動して足をはずしておりる

(2) こうもり振りおりの段階的練習

①こうもりおり

両足かけでさがり，地面に手をついておりる。

1) 2) 3)

②こうもり振り

両足かけで大きな振りができるようにする。

1) 2) 3)

★上体はよく振って大きな振動を生み出すようにする

腰を伸ばす

足をしっかりかける

★大きく振って顔をしっかり起こす

③こうもり振りおりの補助

大きく前方に振ったとき，腕を支えて補助をする。

1)　　　　　　　　2)　　　　　　　　3)

★十分に振りを　　★正面または側面　　★足をはずしたら
　大きくする　　　　から腕をもつ　　　　すぐ着地する

④やや低い鉄棒で手をついておりてもよい練習

1)　　　　　　　　2)　　　　　　　　3)

★大きく前方に　　★足を引きつけながら両手をついて
　振ってから足　　　着地する
　をはずす

⑤腰がまがっていたり，振動が十分でないと危険

腰がまがっている

★腰に力が入って
　いると伸びない
　大きく振ることが
　できない

★十分に振れてい
　ないと上体が起
　きてこないの
　で，両腕で支え
　きれず，頭から
　下に落ちる

(3) こうもり振りおりのいろいろ

①こうもり振りおりのひねり

1) 大きく前方に振る
2) 足をはずしながら上体をひねる
3) 鉄棒をわきにするように着地する

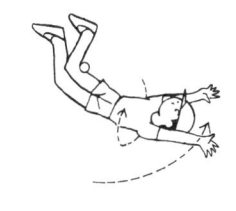

②ひねりから鉄棒をにぎって次の技につなげる

1) 足をはずしながら体をひねる
2) 鉄棒の上に上体を向ける
3) 着地前に鉄棒をにぎる

③鉄棒の上に腰かけてからこうもり振りおりをする

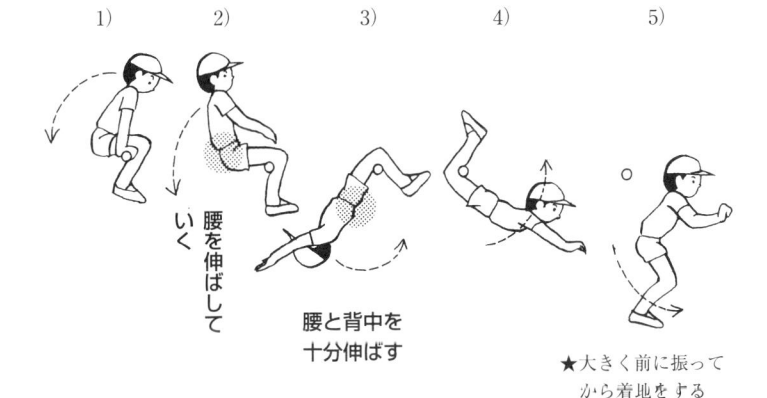

1)
2) 腰を伸ばしていく
3) 腰と背中を十分伸ばす
4)
5)

★大きく前に振ってから着地をする

21 だるま前まわり（ひじ支持前方回転）

　この回転は，子どもたちのあそびの中から生まれたもので，前方支持回転の変形と言える。前方支持回転に入る前段階として練習してもよいが，むしろ変化を楽しむといった技である。だるままわり（前まわり，後ろまわり）というのは子どものつけた名称である。

(1) だるま前まわり（ひじ支持前方回転）

1) 腕支持姿勢
2) ひじと腹で鉄棒をはさむようにする
3) 顔を起こして大きく回転する
4) ひじをしめて上にあがる

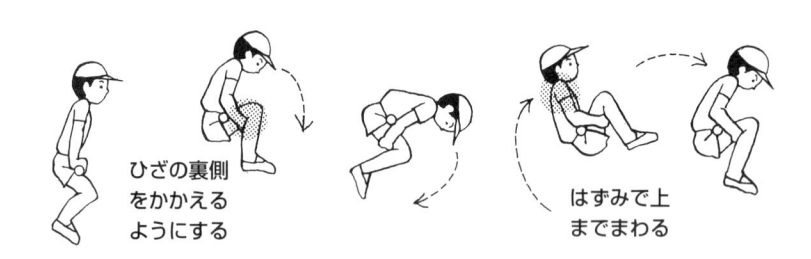

ひざの裏側をかかえるようにする

はずみで上までまわる

(2) だるま前まわりの練習

①ひじ支持の練習

　ひじで鉄棒を支持して，振ったりまわったりすることに慣れる。

1) ひじで鉄棒を押さえ，足を前後に軽く振る練習
2) ひざの裏側をかかえるようにして前にまわる
3) 下におりたところで，前後に軽く振る

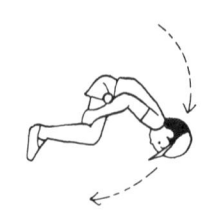

足の振りを使う

②前まわりの練習

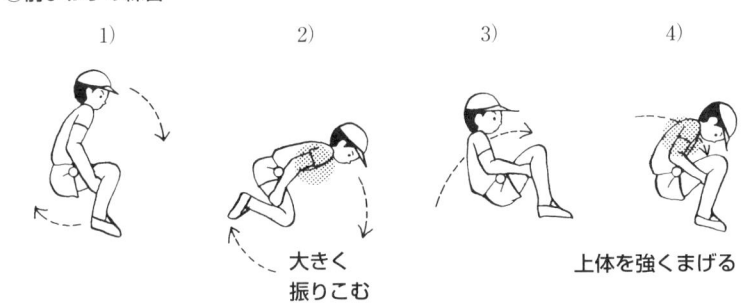

1)　　2)　　3)　　4)

大きく振りこむ

上体を強くまげる

★上体の回転も大きくしていくが，足の振りもうまく使って回転の補助となるようにする

★回転の終期には上体を鉄棒の上にかぶせるようにし，はずみをつけて上まであげる

③とびあがりからの前転

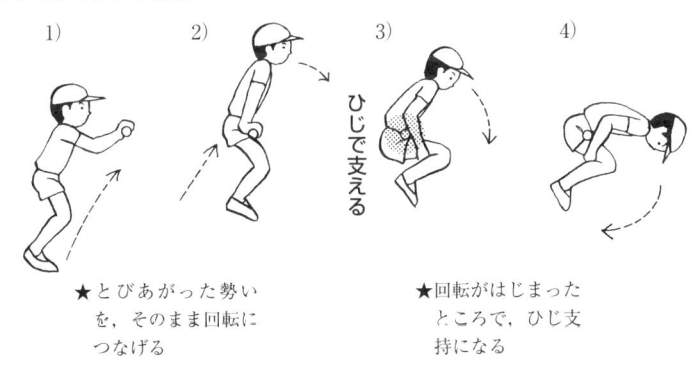

1)　　2)　　3)　　4)

ひじで支える

★とびあがった勢いを，そのまま回転につなげる

★回転がはじまったところで，ひじ支持になる

④前方支持回転とだるま前まわりの連続

1) 前方支持回転で回転　　2) 次はだるま前まわり　　3) 最後に腕支持になる

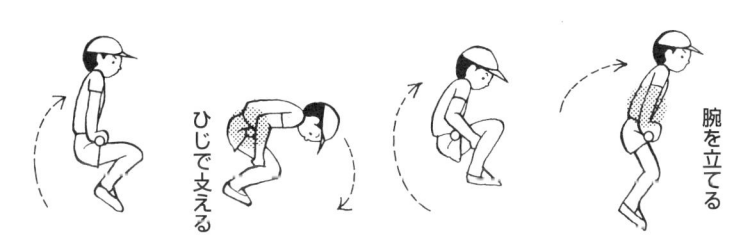

ひじで支える

腕を立てる

22 だるま後ろまわり（ひじ支持後方回転）

だるま前まわりとちょうど逆の回転になる。

(1) だるま後ろまわり（ひじ支持後方回転）

1) 腕支持姿勢
2) ひじ支持になる
3) 顔を起こして大きくまわる
4) ひじをしめて上にあがる

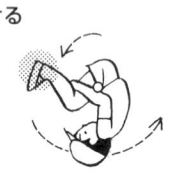

足の振りも回転を助ける

(2) だるま後ろまわりの練習

①ひじ支持での振動練習

ひじ支持で足を前後に振れるようにする。

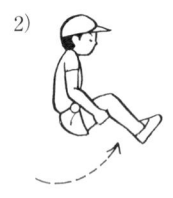

1)
2)

★足を前方に振り出したときに回転に入る

②回転のはずみをつける

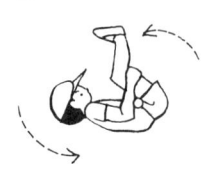

1)
2)

★頭から後方に大きく振り出す

★足を前方に強く振って体を起こす

23 片足エンジン前まわり（ひざかかえ足かけ前転）

足かけの姿勢から，そのひざを両手でかかえるようにして前転に入る。

(1) 片足エンジン前まわり（ひざかかえ足かけ前転）

1) 片ひざかけのかたちから両手でひざをかかえるようにして，ひざとひじで鉄棒を押さえる

2) かかえたままで前にまわり，足の振りを使って回転する

3) あがってきたときは上体を前にのせるようにして鉄棒にあがる

大きく回転する

足を大きく振る

(2) 片足エンジン前まわりの練習

①前後に大きく振る練習

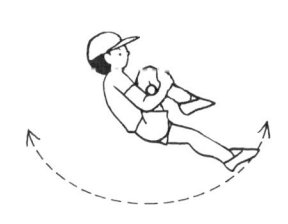

★ひざをかかえて前後に大きく振る練習をする
★ひざやひじが痛くなるので，やや厚い布を鉄棒に巻いて練習する子が多い

②足の振りを使うポイント

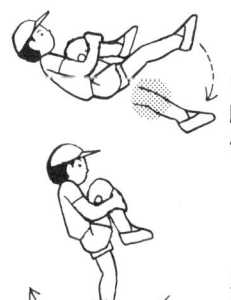

さがてきまじ
腰をここで
伸ばす

足の振りで
回転後半を
強める

24 片足エンジン後ろまわり（ひざかかえ足かけ後転）

(1) 片足エンジン後ろまわり（ひざかかえ足かけ後転）

1) 片ひざかけのかたちでひざをかかえるようにして鉄棒を押さえる
2) 大きく後方に振りおろす腰を伸ばす
3) 足の振りを強めて鉄棒の上にのるようにする
4) 腰を鉄棒の上にのせ、1回転する

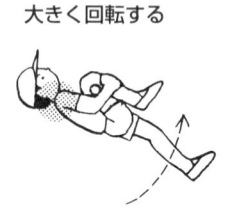

大きく回転する

(2) 片足エンジン後ろまわりの練習

①前後に大きく振る練習

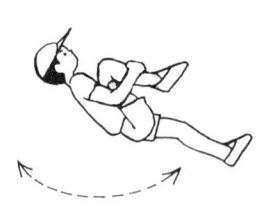

★足の振りを使って前後に大きく振る練習をする

②回転を強めるポイント

頭を後ろに倒す
腰は伸ばす

あごをあげて頭をほうりなげるように

鉄棒上後方にあげていく

★伸びている腰をまげるようにしながら足の振りを強くする

25 両足エンジン前まわり（ひざかかえ両足かけ前転）

両ひざを鉄棒にかけ，そのひざを両手でかかえるようにしてもつ。ひざとひじではさむようにして鉄棒を押さえる。

(1) 両足エンジン前まわり

1) 両ひざかけのかたちでひざをかかえ，鉄棒を押さえる
2) できるだけ大きく前に振りおろし，回転する
3) 真下で体を振りこむようにしてはずみをつける
4) 上体を鉄棒の上にのせていく

顔を起こす

上体を大きく振る

(2) 両足エンジン前まわりのポイント

強くはずみをつける

★できるだけ顔を起こし大きな回転になるようにする

★頭と上体の振りを強くして，上にあがるだけのはずみをつける

26 両足エンジン後ろまわり（ひざかかえ両足かけ後転）

（1）両足エンジン後ろまわり

1) 両ひざかけの かたちでひざ をかかえて鉄 棒を押さえる

2) できるだけ 大きく体を 後ろに倒 し，頭から 振りおろし て回転に入 る

3) 真下で体を 振りこむよ うにしては ずみをつけ る

4) 上体を鉄棒の 上にのせてい く

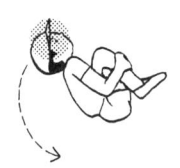

顔をあげる　　　　　　　　　　　体をちぢめる

（2）両足エンジン後ろまわりのポイント

★回転のはじめはで きるだけ大きい動 作から，はずみを つけて回転に入る
★頭も後方に倒し顔 をあげて回転する

★体を小さくし，すば やく腰を鉄棒の上に 引きあげる

27 両ひざかけ後転

鉄棒の上に腰をかけ，両足をかけたまま後方に回転する。両手は順手で鉄棒をにぎる。

(1) 両ひざかけ後転

1) 鉄棒の上に腰かけたかたちから回転に入る
2) 両ひざを鉄棒にかけ，体を反らして大きく回転に入る
3) 頭も起こして回転にはずみをつける
4) すばやく腰を鉄棒の上にあげ，手首をかえして上体を押さえる

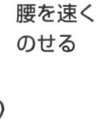

(2) 両ひざかけ後転のポイント

両足エンジン後ろまわりと同様，回転のはじまりと後半の腰の引きあげである。

★腕をしっかり伸ばし，胸をはって，鉄棒からできるだけ上体をはなして回転を大きくする

★腰を鉄棒の上にのせるような手の引きと，そのあとの手首のかえしが大切である

(3) 両ひざかけ後転の補助

軽く支える

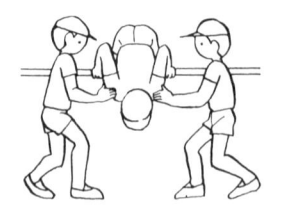

★鉄棒の両側にいて両肩を下から支える。強く押しあげると危険である

(4) 回転が途中で止まったときの注意

手首を深くまわしてにぎる

★回転後半で振りが止まり、逆戻りをする場合は、体を小さくまるめるようにし、手首を深くにぎりかえす。これは、手首がかえっている場合に逆回転すると、手がはずれるおそれがあるからである

(5) 両ひざかけ後転の連続

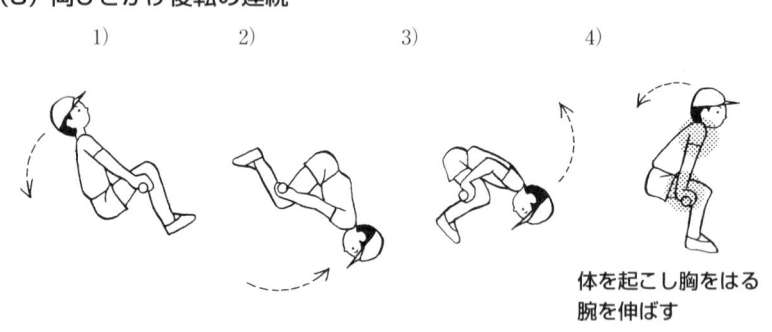

1)　　2)　　3)　　4)

体を起こし胸をはる
腕を伸ばす

★両ひざかけ後転を連続させるときは、1回目の回転が終わって次の回転に入るときに、腕を伸ばして胸を起こして、1回目の回転と同じかたちから回転をはじめることがポイントになる

28 両ひざかけ前転

　両ひざかけ後転に比較して，両ひざかけ前転はややむずかしい。手のにぎりは逆手である。

(1) 両ひざかけ前転

1) 腕をしっかり伸ばし，腕をはって大きく回転に入る
2) 真下では上体を伸ばし，回転にはずみをつける
3) 回転後半では上体を前に強くまげ，上体を鉄棒の上に引きあげるようにする

上体を起こす　　　　　　　　　体を小さくまげる

(2) 両ひざかけ前転の補助

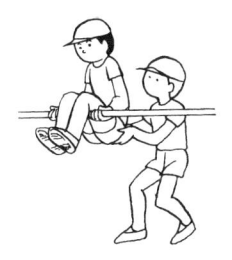

軽く支える

★両ひざかけ前転の補助は，回転の後半で鉄棒にあがろうとする直前に腰を支える。強く押しあげると前にのめって危険であるから注意する
★回転が途中で止まり，逆に戻るような場合は，逆手を順手にもちかえるか，逆手を深くにぎりかえすかする

(3) 腰を伸ばした両ひざかけ前転

1) 腕をしっかり伸ばし，胸をはって大きく回転に入る
2) 真下を通過した直後から腰を伸ばしはじめる
3) 腰を伸ばすと同時に腕をまげて腰を鉄棒に引きあげる
4) 腰が鉄棒の上にあがったら上体を起こす

大きく回転に入る　　　　腰を伸ばす

腰を鉄棒の上にあげる

(4) ひざを伸ばした両ひざかけまわり

1) もものあたりに鉄棒をつけ，腰を浮かせるようにして回転に入る
2) 鉄棒の位置を変えないようにして大きく回転する
3) 腰を伸ばすと同時に腕で鉄棒を押さえ上体を引きあげる
4) 体が起きてきたら，鉄棒の上に腰をおろすようにする

大きく回転に入る

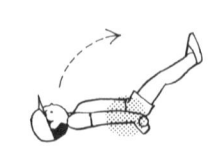

逆手

腰の伸ばしと上体の引きあげ

2 連続技とその指導

1 連続技の考え方と構成

1．連続技の考え方

　第Ⅰ章でもふれているが，連続技の考え方を改めて確認してみると，次のようである。
　1．単一種目のできた・できないに挑戦するおもしろさだけでなく，いろいろな技を組み合わせたおもしろさがある。
　2．子どもの鉄棒あそびの楽しみ方は，技の工夫であり，2～3種目の技の組み合わせにおもしろさがある。鉄棒あそびの発展として連続技を工夫し，創造する楽しさがある。
　3．自分ができる範囲の技を組み合わせて連続技をつくることができ，一人ひとりの力に応じた楽しみ方ができる。

　以上のように考えると，特定の技ができるからよいとか，できないからいけないということではないこと。特定の技だけの連続でなく，あそびでやっている技でも，自分で工夫した技でも自由に組み合わせてよいこと。自分のできる範囲内，つまり，各自の能力に応じた連続技をつくればよいこと。そして，連続技のよさは技術の難易度の高い技を入れることよりも，技の組み合わせの工夫やその創造的な取り組みにあることなどが言える。

2．連続技の構成の仕方

　鉄棒運動をいかに楽しむかという考え方で連続技づくりをするのであるから，子どもたちの自由な発想を基盤にして学習を進めればよい。
　しかし，そのよりどころなりヒントなりを与えてやることが必要であるので，次のような指導を試みるとよい。

1．ふだんの鉄棒あそびの中で，2〜3の技を組み合わせてできるものを発表し合う。
　〔例〕・さかあがり――後方支持回転
　　　　・ひざかけあがり――後方ひざかけ回転
　　　　・ひざかけあがり――ひこうきとび
　　　　・両ひざかけ後ろまわり――こうもり振りおり
　2つの技が組み合わされて1つの技と考えているものも子どものあそびの中にはある。
2．自分のできる技の中から「あがる技――おりる技」を取り出して，連続技を構成してみる。
　〔例〕・とびあがり――前方回転おり
　　　　・さかあがり――前方回転おり
　　　　・ひざかけあがり――ふみこしおり
3．自分のできる技の中から「あがる――まわる――おりる」の3つを取り出して，連続技を構成してみる。
　〔例〕・とびあがり――前方回転おり――足ぬきまわりおり
　　　　・さかあがり――後方支持回転――足かけ転向前おり
　　　　・ひざかけあがり――後方ひざかけ回転――ふみこしおり
　　　　・ひざかけあがり――両ひざかけ後ろまわり――こうもり振りおり
4．自分の得意な技（見せ場にしたい技――下記の〰〰をつけた技）を中心にして連続技を構成してみる。
　〔例〕・足ぬきまわり連続――さかあがり――ふみこしおり
　　　　・ひざかけあがり――後方ひざかけ回転――転向前おり
　　　　・とびあがり――前方支持回転――ひこうきとび

　連続技を構成するうえで1つの課題となるものを提示し，それについて自分のできる技を使って構成してみるという指導である。この指導によって，連続技をどう工夫すればよいかがわかる。

3. よい連続技とはどういうものか

　連続技を自由に工夫したり，ある課題についての連続技づくりを工夫したりして，そのおもしろさを味わうことは大切であるが，それをさらに発展させて，よりよいものへ向かって練習したり，工夫したりする目標が必要になる。そこで，よい連続技を次のようにとらえておきたい。

① なめらかにつながっていること

　1つ1つの技がばらばらであったり，1つやるたびに考えたりしているのでなく，なめらかにつながっていること。ただし，一度下におりて向きを変えたり，手をもち替えたりすることはよいことにしておく。

　やさしい技でもなめらかにつながっていればよいし，1つ1つの技がむずかしくても，とぎれとぎれではよいといえないという指導をすることで，高度な技ばかりに意識が集中しないようにしたい。

② 1つ1つの技が確実であること

　見ていて危険を感じる動きや粗雑な技ではなく，1つ1つの技がまとまっていて，安定してできることが大切である。できればきれいに足先まで伸びていることなどの美しさが出ているとよいが，そこまで完成されていなくても，確実にできることを指導したい。それは，やさしい技でもしっかり身につけることであり，無理に高度な技へ進まないようにしたい。

③ 鉄棒の上下を使ったり，方向を変えて変化のある連続技であること

　鉄棒の下で行う足ぬきまわり，こうもりなど，また上にあがるさかあがり，足かけあがり，鉄棒を中心にして回転する技など変化のある組み合わせが欲しい。また，いつも同一方向を向いて行うものばかりでなく，方向変換して反対方向を向いて行うものも入れていくとよい。

④ 連続技全体がリズミカルであること

　なめらかさと同じことになるが，よどみなくつながるだけでなく，全体がリズミカルであることがよい。小さい技と大きい技を組んでいる。また，ゆっくりな技と速い技を組んでいるなどの組み合わせを工夫することも大切である。

　また，各自の得意な技やスリルのある技などを中心においてみたり，ダイナミックなおり方で最後をしめくくったりするなどの工夫もおもしろい。はじめと終わりをきちんと決めて，いつはじまったのか終わったのかわからないものではないようにしたい。

⑤ つなぎの技の工夫がよくできていること

　なめらかに技をつなげたり，リズミカルにつなげたり，方向変換を入れて変化をもたせたりするには，技と技のつなぎ方に工夫をこらすことになるが，このつなぎの部分またはつなぎのための技がうまくできていないといけない。

　たとえば，さかあがりから腕立て後方回転に続ける場合，さかあがりであがってそのまま後方回転に続けるときは，わきを伸ばして両足が次の回転の振りの役目を果たすように保たねばならない。また，腰をまげてさかあがりであがったら，両足を振りあげて回転へのあおりをつける動きを入れることになる。

　このようなつなぎをどうするかは，たいへん細かい技であり，注意深く考えていかないと気づかないことが多い。練習上の留意点としては，「むだな動きを少なくする」という点に気をつけていくことである。足をぶらぶらさせたり，何度も足をかけたりはずしたりするのではなく，できるだけ技と技がなめらかに連続していくつなぎ方やつなぎの技の工夫が大切になる。

　以上の5点が満足されていれば，連続技全体がなめらかで，リズミカルであり，しかも変化に富んでいて1つ1つの技が確実で美しいということになる。

高度な技をおぼえていって，みんなをあっといわせるような連続技づくりもあるが，まず，自分のできる技，または工夫した技で連続技づくりをし，それを反復練習して確実に自分のものにしていくという努力が重要であり，そのうえで新しい技をおぼえながら，順次高度なものに挑戦していくという学習を積みあげていきたい。

2 2種目連続，3種目連続の工夫

　ふだんの子どものあそびのなかで，2～3種目をつなげている鉄棒あそびを取り出してみる。意図的な連続技でなく，自由なあそびとしての連続技である。ここにあげたのはその1例である。

(1) とびあがり——前方回転おり

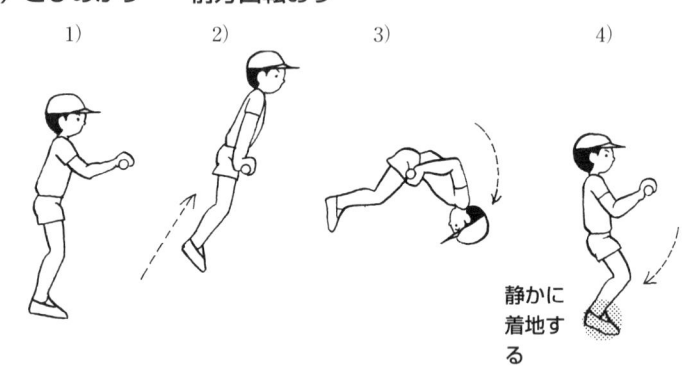

1)　2)　3)　4)

静かに着地する

★順手。胸の高さの鉄棒　　★ゆっくり回転する

(2) 足ぬきまわり連続

1) 順手でもち，両手の間から両足をぬいて後方に回転する

2) 地面をけって前方に回転し，もとに戻す

❖ 足ぬき後ろまわり ❖　　❖ 足ぬき前まわり ❖

おりたら軽く地面をける

(3) 足ぬきまわり——地球まわり

足ぬき後ろまわり ──→ もとに戻して両足かけ ──→ 地球まわり ──→

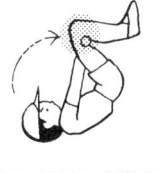

両足の間で鉄棒を
腕交差でにぎる

★両足をはずして
　回転する

地球まわり ──→ 回転が終了 ──→ 両足をかける

★腕の交差のねじれの
　分だけ半回転する

★回転が終了すると
　腕のねじれが戻る

(4) こうもり——こうもりおり

両足かけになる ──→ 両手をはなして ──→ 両手を地面について
　　　　　　　　　　こうもり　　　　　　倒立してからおりる

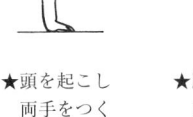

腕を十分伸ばす

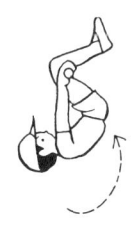

★頭を起こし
　両手をつく

★腕をしっかり伸
　ばしておりる

(5) こうもり振り——こうもり振りおり

両ひざかけでこうもり ——→ こうもり振り ——→ 両足をはずして振りおり

1) こうもりから振りをつける
2) 腰を伸ばして大きく前後に振る
3) 前方に十分振って足をはずす

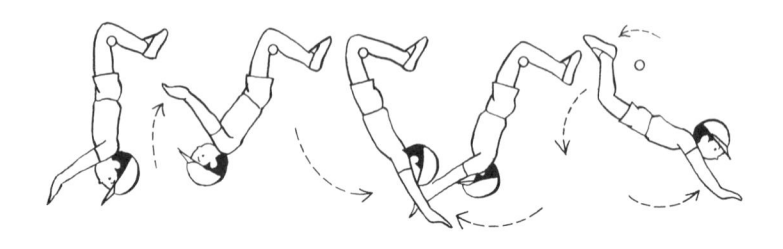

(6) 両ひざかけ前まわり——こうもり振りおり

鉄棒上からの両ひざかけ前まわり ——→ こうもり ——→ こうもり振りおり

1) 腕をはり，腕をよく伸ばして前に回転する。ひざを鉄棒で押さえる
2) 十分に回転し，振りが最高点に達したところで手をはなし，腰を伸ばしていく。ひざをしっかりかける
3) こうもり振りのかたちになり，大きく振る
4) こうもり振りで前方に十分振り，足をはずしておりる

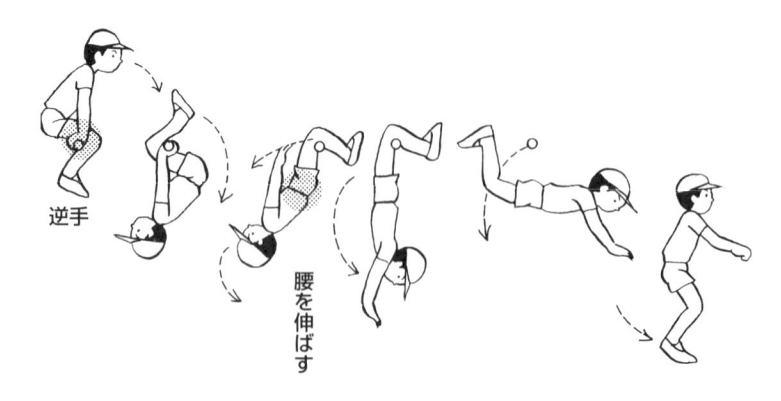

逆手

腰を伸ばす

(7) さかあがり ── 後方支持回転

さかあがり ──→ 足を振りあげて ──→ 後方支持回転

1) 足を伸ばして
   さかあがりを
   する
2) 腰をまげて
   そこから後
   方に振りあ
   げる
3) 後方支持回転
   に入る

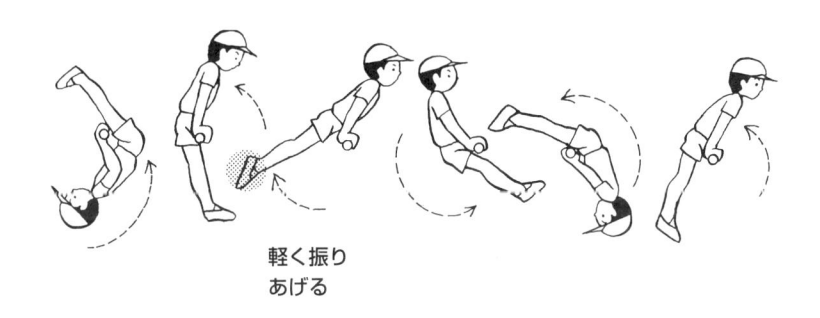

軽く振り
あげる

(8) ひざかけあがり ── 後方ひざかけ回転

ひざかけあがり ──→ 後方に大きく振りおろして ──→ 後方ひざかけ回転

1) ひざかけで大きく
   振り，ひざかけあ
   がりをする
2) 上にあがった
   姿勢を整えて
   からすぐに胸
   を起こし，大
   きく後方に振
   りおろす
3) 後方ひざかけ回転
   に入る

上体を起こす

3 あがる技，おりる技の連続の工夫

各自がそれぞれできるあがり方とおり方の種類をならべておいて，それを何通りも組み合わせてみる。ここにあげたのは，その1例である。

(1) とびあがり──後ろおり

とびあがり ──→ 腕支持姿勢 ──→ 軽く足の振りを使って ──→ 後ろおり

1) 胸位の高さ順手
2) とびあがったら腕立て姿勢をしっかりとる
3) 軽く腰をまげて足の振りをつける
4) もとの場所におりる

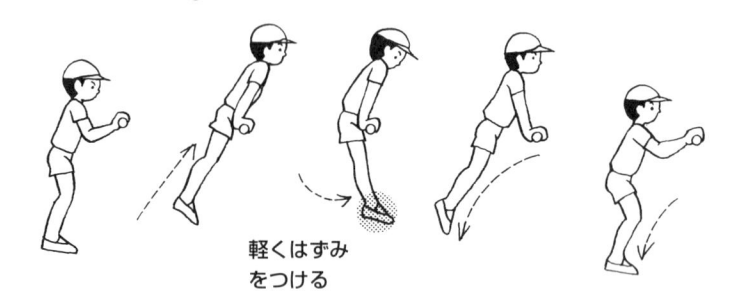

軽くはずみをつける

(2) さかあがり──前方回転おり

さかあがり ──→ 腕支持姿勢 ──→ 腰を軽くまげて ──→ 前方回転おり

1) 順手でも逆手でもよい。さかあがりをする
2) 腕支持姿勢をとり，前まわりに入るときは腰をまげてゆっくりまわる
3) 足を伸ばしてゆっくりまわりはじめる
4) 静かに着地をして立つ

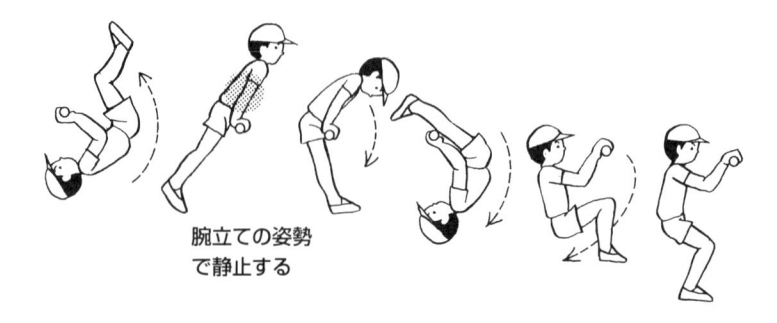

腕立ての姿勢で静止する

（3）さかあがり──ふみこしおり

さかあがり──→腕支持姿勢──→片足をかける──→ふみこしおり

1) 順手，または片逆手でさかあがりをする
2) 腕立て姿勢をとり，一方の手を逆手にする
3) 逆手にした手に体重をかけ，片足を鉄棒にかける
4) 片手をはなし，逆手の方に体重をかけてふみこしおりをする

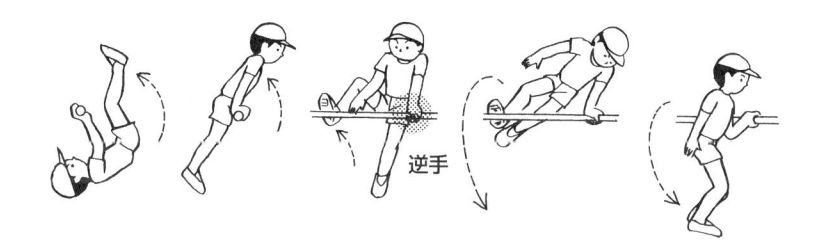

逆手

（4）ひざかけあがり──転向前おり

ひざかけあがり──→足をかけている方に体重をかけ──→転向前おり

1) 足を大きく振ってひざかけあがりをし，ひざかけの腕支持姿勢をとる
2) 足をかけている方の手に体重をかける。その手を逆手にもちかえる方がやりやすい
3) 伸ばしている方の足を側方にまわし，片手をはなして転向前おりをする

ひざをよく伸ばす

(5) さかあがり──振りとび

さかあがり ─────→ 足を振りあげて ─────→ 振りとび

1) 順手でさかあがりをする
2) 軽く足の振りあげを使ってあおりをつける
3) 後方支持回転に入るように上体を倒す
4) 腰を反って前方に振りとびをする

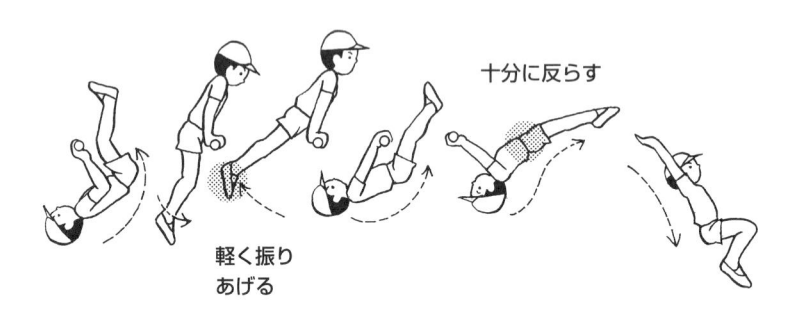

軽く振りあげる

十分に反らす

(6) ひざかけあがり──ひこうきとび

ひざかけあがり ─────→ 両足を鉄棒の上にのせて ─────→ ひこうきとび

1) ひざかけあがりであがる
2) 片足ずつ鉄棒の上にのせ,ひざを伸ばして,後方の回転に入る
3) 回転途中で両足をはずし,前方に腰を反らせて振りとびをする

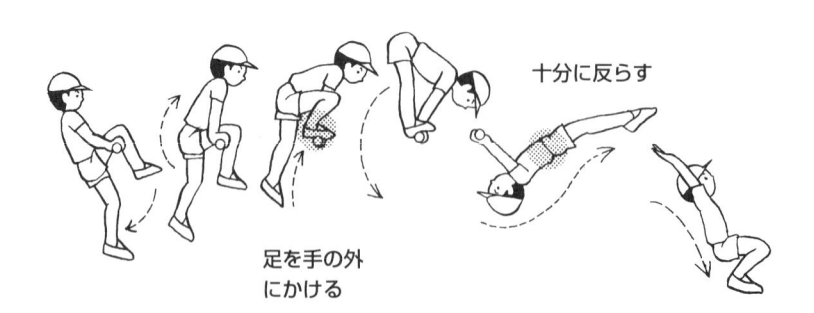

足を手の外にかける

十分に反らす

4 あがる技，まわる技，おりる技の連続の工夫

　各自がそれぞれできる，あがる技，まわる技，おりる技を何通りも組み合わせてみる。ここにあげたのはその1例である。

(1) とびあがり ── 前方回転おり ── 足ぬきまわりおり

1) 胸位の高さ順手でとびあがる
2) とびあがりで腕支持姿勢をとる
3) 腰をまげて前方回転の準備に入る
4) 静かに前方回転する。足をばたんとおろさないようにする

静かにおろす

5) 前方回転で地面に着地したらすぐに両足をけりあげる
6) ひざをまげて足ぬき後ろまわりをする
7) 足ぬきまわりで地面についたら鉄棒から手をはなし，直立姿勢になる

すぐにけりあげる

(2) さかあがり──後方支持回転──前方回転おり

1) 片足ふみきり，または両足ふみきりでさかあがりをする
2) できるだけひざを伸ばしてゆっくりあがる
3) 腕支持姿勢になったら両足を後方に振りあげる
4) ひざを伸ばして後方支持回転に入る

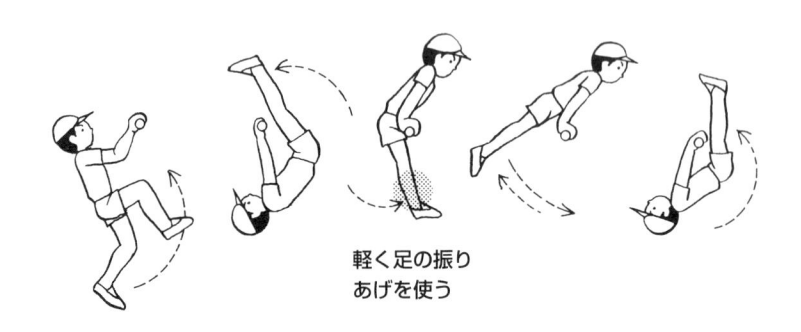

軽く足の振りあげを使う

5) 後方回転がまわり終わったところでスピードをゆるめ，腕支持姿勢がとれるようにする
6) やや腰をまげた腕支持姿勢からすぐに前方回転おりに入る
7) ひざを伸ばし，ゆっくりと前方回転おりをする。静かに両足着地をして鉄棒をはなして終了とする

ゆっくり回転する　静かにおろす

(3) さかあがり ── 前方支持回転 ── 振りとび

1) さかあがりであがる。あがったらゆっくりと体を起こす

2) 体を起こすと同時に腰をまげて胸をはり，回転の準備に入る

3) 腕をよく伸ばし，胸から大きく回転する

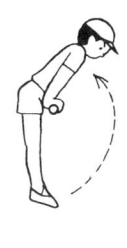

ひざをまげる

4) 回転の終期に手首をかえして鉄棒を押さえ，上体を鉄棒の上にあげる

5) 回転し終わったら，すぐに腰を伸ばして両足をはねあげ，次の振りとびの準備に入る

6) 両足の振りが戻ってくると同時に振りとびに入る。腰を上に引きあげるようにして，大きな振りとびをする

7) 体を十分に反らせて，手を押しはなし，安全に着地する

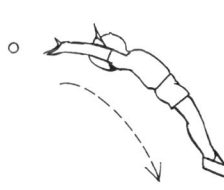

軽く振りあげる

(4) ひざかけあがり──前方ひざかけ回転──転向前おり

1) 両手の間に足をかけて，大きく振って足かけあがりをする

2) 上にあがったらすぐに両手にもちかえ，逆手になる

3) 腕をよく伸ばし，胸をはって，前方ひざかけ回転に入る

4) 前方ひざかけ回転であがってきたら鉄棒にかけている足の方に体重をかけながら，前方回転おりの準備に入る

5) 腰を伸ばしながら足を側方からまわし，転向前おりをする。前方回転であがってきた動きをそのまま転向前おりにつなげていく

6) かけている足も伸ばしながら，大きな動作で前おりをする。下図の場合，右手に体重がのる。おりたときは，鉄棒をわきにしたり，背にしたりして着地する

あがってきた動きに連続させる

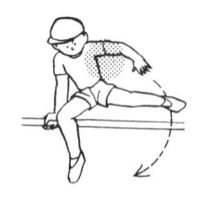

大きい動作でおりる

5 つなぎの技の工夫

　連続技を工夫する場合，技と技がなめらかにつながることが大切であるし，方向変換するなどの変化もほしいので，ここではつなぎの技について工夫してみる。つなぎの技は，次のどの技を入れるかによって決まる。なめらかなつなぎを意識して選ばせたい。

(1) 足の振りあげ

　後方支持回転，振りとびなどにつなげる場合のはずみをつけるための運動であるが，いろいろな場面で使われる。しかし，何回も使わないで，1回の振りあげで次の技へつなげるとよい。

★1度腰をまげておいて，その反動で後方に振りあげる。ここから戻ってくる勢いで，後方回転や振りとびにつなげる

(2) 前方回転おり，ひざかけ後ろ振りおろし

　鉄棒の上の種目から下の種目につなげるときのおり方として使う。
　前方回転おりをして鉄棒の下で足ぬきまわりにつなげたり，ひざかけ振りおろしから地球まわり，足ぬきまわり，こうもりなどにつなげたりする。

★前方回転おりから地面に足をつけないで，足ぬきまわりに入ったり，ひざかけ後ろ振りおろしから，すばやく両足かけのかたちになることができる

前方回転おりから足ぬきまわりへ　　ひざかけ後ろ振りおろしから両ひざかけへ

(3) ひざかけ方向転換

片ひざかけの腕支持姿勢から，股を鉄棒にかけて180°方向変換をする。

1) ひざかけ腕支持の姿勢
2) 股を鉄棒にかけて両手をはなして方向変換
3) 向きを変えて次の技につなげる

手をはなして
安全にまわる

(4) 腰かけ方向変換

鉄棒の上に腰かけた姿勢から180°方向変換をする。

1) 鉄棒の上に腰をかけ，両足を前に伸ばす
2) 一方の手をはなして向きを変える
3) 向きが変わって腕支持の姿勢になり，次の技につなげる

片手ずつはなして
安全にまわる

(5) 背面けん垂から方向転換

足ぬき後ろまわりの終わりは背面けん垂のかたちになるが，このとき片手をはなすと方向変換ができる。

1) 背面けん垂でぶらさがる。低鉄棒では足がつかないようにする
2) 片手をはなすと体の向きが自然と鉄棒に向く
3) 両手をにぎって鉄棒に向かい，次の技につなげる

自然に体がまわるのに合わせる

(6) 地球まわりで方向変換

地球まわりを使って方向変換をする方法もある。後方ひざかけ回転から鉄棒の上にあがらずに地球まわりにつなげ，そこで方向変換をしてひざかけあがりであがるという組み合わせも工夫できる。

1) ひざかけでぶらさがり，両ひざをかける
2) 地球まわりをして180°方向変換
3) 片足をぬいてひざかけ振りに入る

6 モデルの連続技の設定

　モデルの連続技は，どの子にもできて連続技づくりのポイントが理解できるような組み合わせを考えるとよい。どの子もできるということから，学級の子どもの技術的な実態をつかみ，指導者が適切なモデルの連続技を工夫し，子どもたちへの課題として出すことになる。

　子どもたちの手によって学級全体のモデルの連続技をつくったり，またはグループごとに工夫したりすることもあってよい。

　ここでは，モデルの連続技の1例としていくつかの連続技を示すが，それぞれの連続でねらっている点については押さえておく必要があろう。

(1) とびあがり──前方回転おり──足ぬき後ろまわり ──足ぬき前まわりおり

1) とびあがり，腕立て姿勢をとる
2) 前まわりおりで下におりる
3) 地面をけって足ぬき後ろまわりをする
4) 足ぬき前まわりで着地して終了

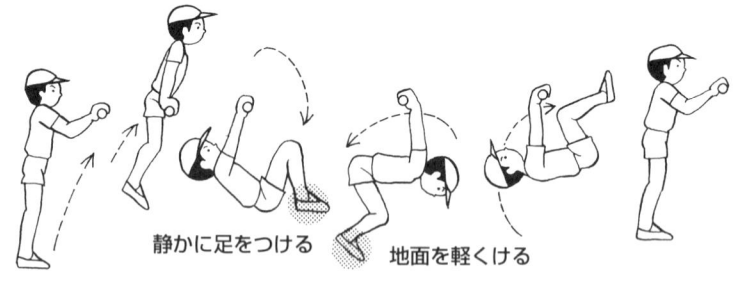

静かに足をつける　　地面を軽くける

● モデルの連続技のねらいと連続技の要点 ●

　このモデルの連続技のねらいは，鉄棒の上と下を使った組み合わせであり，地面をけって次の技に続けてもよいというルールを理解させることである。とびあがりからの腕支持姿勢は，よく体を伸ばしてきれいなかたちをつくる。前方回転おりは静かにゆっくりまわり，地面は軽くリズミカルにけって次の足ぬきまわりにつなげる。足ぬき後ろまわりから前まわりに戻すところは地面につかない方がよい。足ぬき前まわりでも静かに足をつけて，直立姿勢になって終了する。このなめらかなつなげ方がねらいである。

(2) さかあがり──前方回転おり──地球まわり──こうもり
　　──こうもりおり

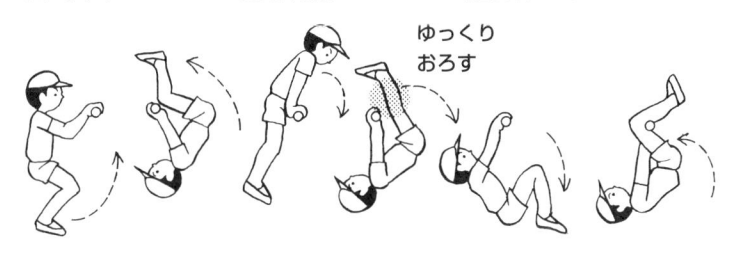

さかあがり────→腕支持姿勢────→前方回転おり──→両ひざかけ

ゆっくり
おろす

腕を交差して地球まわり──→両ひざかけ──→こうもり──→こうもりおり

しっかり手をついてから
おりる

● モデルの連続技のねらいと連続技の要点 ●

　このモデルの連続技のねらいは、鉄棒の上と下を使った組み合わせであり、地球まわりによって方向転換が入っていることである。

　さかあがりのできない子どもがいれば、とびあがりであがってもよい。あがったら一度腕支持姿勢をしっかりとる。前方回転おりはゆっくりまわり静かに着地する。着地したらすぐに地面をけって両ひざかけになる。両足を開いて両手の外側にかける。ここまでリズミカルにつなげる。

　ここで手をもちかえて腕を交差させ、地球まわりに入る。すばやく行うようにする。地球まわりがまわり終わったら、すぐに両手をはなしてこうもりおりをする。腰をよく伸ばしてぶらさがり、地面を見る。こうもりおりは両手をしっかり地面につけ、倒立をするようにし、両腕をしっかり伸ばしたまま足をはずす。足が地面についたらすぐに直立姿勢になり、終了する。全体がなめらかにつながるようにしたい。

(3) ひざかけあがり──ひざかけ後ろ振りおろし──足ぬき後ろまわり ──背面けん垂方向変換──とびあがり──ふみこしおり

ひざかけあがり─→ひざかけ後ろ振りおろし─→足ぬき後ろまわり─→

足をちぢめて
ぶらさがる

背面けん垂方向変換 ─→とびあがり─→足をかけて─→ふみこしおり

片手をはなして方向転換　　軽く地面をける　　逆手にもちかえる

● モデルの連続技のねらいと連続技の要点 ●

　このモデルの連続技のねらいは，ひざかけの技と腕支持の技との組み合わせで，足をはずすところを棒下で行い，足ぬきまわりにつなげている。そして，背面でぶらさがりながら方向変換をする方法にも気づかせるという，つなぎ技を重点にしている。子どもたちにとってむずかしいとすれば，ひざかけあがりであるが，できない子がいれば，横から補助してやってもよい。あとは練習すればそれほど困難な技ではない。

　連続技の要点としては，ひざかけあがりであがったらひざかけ姿勢で一時停止し，すぐ後ろに振りおろし，方向変換まではなめらかにつなげることである。とびあがりのところでは地面に着地するが，できるだけ手際よくとびあがっていきたい。とびあがったら腕支持で静止するのもよいが，連続してふみこしおりにつなげることも練習してみるとよい。

7 連続技創作の工夫

　連続技創作は，自己の得意な技を組み合わせた連続技であるから，連続技本来の創造的な活動であり，自己を表現するものである。

　これまで学習してきた，2種目連続，3種目連続の中でも部分的に得意な技の組み合わせを考えてきたが，ここでは，鉄棒につかまってからおりるまでの全体を創作することになる。

　しかし，あまり長すぎてだらだらと続けるのはよくない。自分の得意な技を見せ場として，まとまりのある連続技を工夫させたい。その1例を示してみる。

(1) 後方支持回転とひこうきとびを中心とした連続技

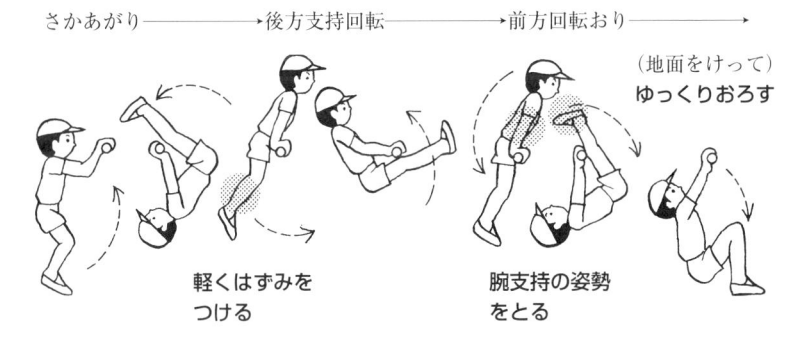

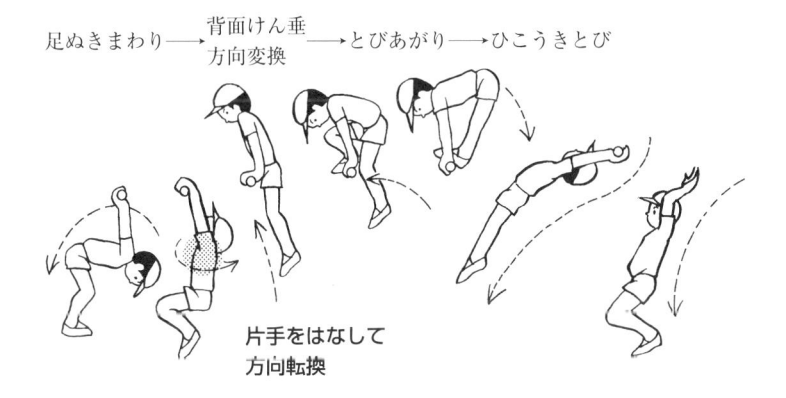

さかあがり ──→ 後方支持回転 ──→ 前方回転おり ──→

軽くはずみをつける　　腕支持の姿勢をとる　　（地面をけって）ゆっくりおろす

足ぬきまわり ──→ 背面けん垂 方向変換 ──→ とびあがり ──→ ひこうきとび

片手をはなして方向転換

(2) ひざかけ回転とこうもり振りおりを中心とした連続技

とびあがり → ひざをかけて後方へ振りおろし → ひざかけあがり → 後方ひざかけ回転 →

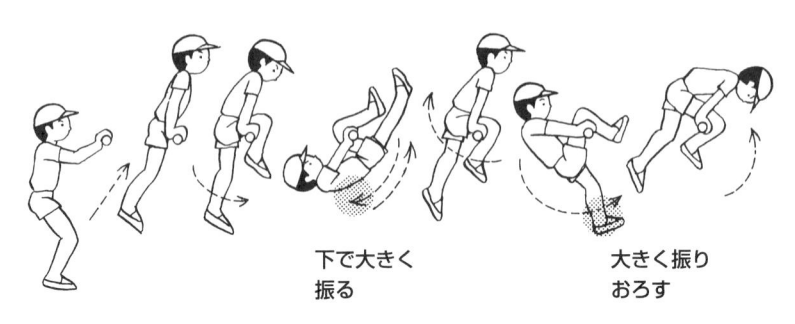

下で大きく振る

大きく振りおろす

ひざかけのまま後ろにおろし，両ひざかけ → 地球まわりで方向転換 → 両ひざかけのまま両手をはなしてこうもり →

すばやく足を入れる

大きく振る

こうもり振り → こうもり振りおり

上体を十分に起こして足をはずす

III 学習指導計画例と記録用紙・学習カード例

1 指導計画・指導案例

1. 第5学年　鉄棒運動指導計画例

単元名　　　鉄棒運動・体操

単元目標

1. 連続技を構成する楽しさがわかり，「あがる，まわる，おりる」のまとまりをもった連続技づくりができる。
2. 「あがる，まわる，おりる」の各種目で，それぞれ新しい技を習得する。
3. 体操では，すばやい動きや力強い動きを高める運動を工夫し，全身的な運動能力を養う。
4. 相互に教え合い，補助し合って技術を習得していくグループ学習ができ，お互いの安全に配慮し合って練習することができる。

子どもの実態

1. 男○名　女○名
2. 既習経験として，さかあがり，ひざあがりは学習している。連続技も自由に組み合わせてつくったことがある。
3. さかあがりのできない子○名　ひざかけあがりのできない子○名
4. 回転技に興味をもっていて，休み時間にもよく鉄棒であそんでいる子どもが○名程いる。
5. グループ学習では協力的な子どもが多く，リーダーになる子も数名いる。
6. あがる技，まわる技，おりる技のそれぞれで，新しい技を課題とし

てその習得に挑戦させ，自分のもっている技能に応じた連続技づくりをさせることが学級の実態からみて適切であると考える。

指導時間　　9時間扱い

全体計画

時分	1	2	3	4	5	6	7	8	9
5 10 15 20 25 30 35 40 45	・学習全体の見通し ・グループ編成 ●準備運動 ・鉄棒運動につながる運動感覚づくり ●鉄棒 ・できる技を調べる	●準備運動 ・鉄棒運動につながる運動感覚づくり ●鉄棒 ・あがる技についての課題をもつ ・あがる技の練習（さかあがり，ひざかけあがり，その他） ●連続技 ・得意な技の2種目連続 ・反省		●鉄棒 ・あがる技の練習 ・まわる技についての課題をもつ ・まわる技の練習（ひざかけ回転，腕支持回転，その他） ●連続技 ・つなぎの技の工夫，練習 ・反省		●準備運動 ・鉄棒運動につながる運動感覚づくり ●鉄棒 ・あがる技の練習 ・まわる技の練習 ・おりる技についての課題をもつ ・おりる技の練習（ふみこしおり，転向前おり，その他） ●連続技 ・創作の工夫，練習 ・反省		●鉄棒 ・あがる，まわる，おりるの各練習 ●連続技 ・創作の練習 ・反省	●鉄棒 ・創作の練習 ・創作の発表 ・相互評価 ・反省

2. 授業の展開例

前項の単元計画例について、1単位時間の指導案例を構成する。

● 1時間目の授業 ●
本時の目標
1. 鉄棒運動単元の目標と全体計画をつかみ、学習の見通しをもたせる。
2. 既習の技能を練習し、できる技を確実に身につけさせる。
3. グループの編成と役割を決め、グループ学習の方法をつかませる。

展 開

過　程	子どもの活動	教師の指導
・課題把握	1 既習の経験を話し合う	・できるようになったことを発表し合う。
	2 本単元の目標をつかむ	・鉄棒のおもしろさをつかむこと、連続技の工夫や技の習得について課題をもつことをとらえさせる。
	3 全体計画をとらえる	・計画、日程、練習方法を知らせる。
・学習態勢づくり	4 グループ編成、役割決定	・リーダーを考慮しながら異質グループを編成させる。役割はリーダー、記録係とする。
・準備	5 準備運動	・全身の屈伸など柔軟性を養う。
・運動感覚づくり	6 腕支持感覚・逆さ感覚 ・かえるの足うち ・うさぎとび	
・既習技の確認	7 鉄棒のできる技調べ ・とびあがり	・できる技を練習し記録させる。 ・鉄棒の使い方、練習方法を工

		・前方回転おり	夫させ，グループで安全に練習できるようにさせる。
		・足ぬきまわり連続	
		・こうもりおり	・できても自信がないもの，不確実なものは△印をつける。
		・地球まわり	
		・さかあがり	・その他の技は各自で行わせ，記録カードに記入させる。
		・ひざかけあがり	
		・その他の技	・自信のない危険性のあるものはやらせないでおく。
・まとめ	8 整理運動		・腕の回転，体の捻転，回旋，体の前後屈など全身的な柔軟運動を行う。
	・全身を柔らかくほぐすような運動		
	9 記録の整理		・自己の技能をあがる技，まわる技，おりる技について分類し，次に習得できそうな技を課題として決めさせる。
	・あがる技，まわる技，おりる技に分類する		
	・次時の課題をもつ		
・反省	10 練習方法についての反省		・鉄棒の使い方，見方，待ち方，教え合いなどについて反省させる。
	・反省記録の記入		

評　価

1．本単元での学習のねらいがわかり，従来の学習の中で起きた問題を解決しながら課題に取り組もうとする意欲がわいたかどうか。
2．既習の技について練習し，自己の現有の技能をつかんだかどうか。
3．鉄棒の使い方，見方，教え合いなどのグループ学習の態勢がとれたかどうか。

備　考

1．既習の技について，できた─○，できない─×，できることもある

が自信がない—△の記号で記入させる。
2．従来できなかったが，練習してみたらできたものも含む。
3．鉄棒の使い方は，グループごとに割りあてておくが，低い方がよいとか高い方がよいという子どもについては，適宜移動して練習する。

● 3時間目の授業 ●
本時の目標
1．あがる技について自己の課題を設定し，練習方法や補助法を工夫して練習する。
2．得意な技を中心にして，2～3種目の技の連続を工夫し，技の組み合わせのおもしろさを味わう。
3．グループの中でそれぞれの課題について工夫し合ったり教え合ったりする好ましい学習態度をつくる。

展　開

過　程	子どもの活動	教師の指導
・準備	1 集合，準備運動 　・グループごとの準備運動，かけ足	・グループごとに集合し，全身的な柔軟運動，約200mのジョギングをさせる。
・運動感覚づくり	2 運動感覚づくり 　・かえるバランス 　・かえるの足うち 　・動物歩き	・教師の合図により一斉に。 ・1つ1つ正確に運動させる。
・鉄棒 ・課題把握	3 あがる技で各自の挑戦する技の練習 　・前時の練習を反省し，できるようになるポイントを工夫する	・前時の練習でできるようになった技も，確実になるまで練習させる。 ・できない技はできる者が教えるなど，グループで協力して練習させる。

・練習	4 グループで教え合い，できない者の補助をしながら練習する 　・正しい補助法をおぼえる	・危険がないような正しい補助法について指導する。 ・さかあがり，ひざかけあがりの補助法は全体を集めて指導する。 ・体の重い者は教師が補助をする。
・2種目連続の課題	5 前時の2種目連続で練習したものを全体に発表する 　・変わった技，よく工夫してある技について話し合う	・グループごとに一斉に行い，それを全体で見る。変わったもの，おもしろいものをおぼえさせる。 ・よく工夫している技について発表させる。
・練習	6 各自の2種目連続を工夫したり，練習したりする 　・うまくできないところは補助し合う	・同じ組み合わせでも，うまいつなぎ方，なめらかな連続を工夫させる。
・まとめ	7 あがる技でできるようになったものを記録する	・あがる技でまだできないものは今後の継続練習にさせる。
	8 整理運動 　・全身を柔らかくほぐす体操をする	・両足とび，体の前後屈，体の回旋，ひざの屈伸など全身を柔らかく動かす。
・反省	9 グループ練習について反省する 　・グループノートに記入する	・補助法がうまくできたか，互いにうまく教え合えたか反省させる。 ・次時の課題をつかませる。

評 価

1. 各自の課題にそって，あがる技が新しくできるようになったり，確実にできるようになったりしたかどうか。
2. 2種目連続を工夫し，なめらかにつなげることができたかどうか。
3. 鉄棒の使い方，補助の仕方などがグループで仲よくできたかどうか。

備 考

1. 各自の練習種目がそれぞれ違うので，教師が個人別の課題種目をとらえ，練習段階を助言したり，無理をさせないなど適切な指導をする。子どもの手のとどく技を練習させる。
2. 補助法の指導は，全体に共通するものは一斉指導で行うが，その他は，グループ別に指導してまわる。

2　記録用紙と学習カードの工夫

　学習の見通しを立てたり，自己の課題をとらえ，練習の計画を立てていくことは，主体的に学習を進めるうえで重要なことである。そのためには，計画表や進歩の状況を把握する記録用紙，学習を振り返って反省・評価する反省記録などを工夫していくことが大切である。

　また，教師の立場から，指導の結果がどうであったか，子どもの興味や課題はどこにあるかをつかむ診断カードなども工夫して，よい授業を目ざす努力が欲しいものである。

　鉄棒運動では，これまで次のような記録用紙や学習カードを使ってみたので，118ページより一例として紹介しておきたい。

1. 種目の習得状況の記録（できる技しらべカード）

　今までにできている技と新しくできるようになった技を記録する。連続技づくりに活用できるように，あがる技，まわる技，おりる技に分類しておく。自分でつくった技もできるようにする。

2. 連続技の記録カード

　自分でつくった連続技を記入する。技の名も書くが，絵でもかけるようにしておくとよい。

3. 個人の体育記録カード

　個人の反省カードで，どの教材にも使えるものである。教師の立場からも指導の反省・評価の資料として活用できる。

4. グループの記録表（グループノート）

　グループごとに計画と反省を記録するもので，どの教材にも使えるものである。高学年向きの表である。

5. 学習カード

　学習カードは，子どもたちが自分の練習課題をもち，その練習方法を自分たちで考え，その課題に取り組むための資料として重要なものであり，自主的学習のための手がかりになるものと考えてよい。

　その学習カードは，いろいろな工夫ができるもので，決まった形式はない。ここでは，単一種目の練習を段階的に実施していく場合の1つの方法を例としてあげてみた。その1つ1つを練習し，徐々に技を習得し，みがきをかけていかれるように配列を工夫してみた。

　しかし，1つ1つの細かい技能のポイントは書いてない。それは子どもたちが工夫してみたり，教え合ったりすることも大切だと考えたからである。また，そこを適切に個別指導していくのは教師の役割でもある。

〈できる技しらべカード〉

年	組	番	氏名	

できる技……○　　できるか自信がない……△
　できた日を記入　　自分のつくった技は空欄に記入する

あがる技	できる	できた日	まわる技	できる	できた日	おりる技, その他	できる	できた日
1 とびあがり			1 足ぬき後ろまわり			1 後ろおり		
2 片足けりさかあがり			2 足ぬき前まわり			2 前方回転おり		
3 両足けりさかあがり			3 前方回転おり			3 こうもり		
4 しんしつさかあがり			4 しんしつ前まわりおり			4 こうもりおり		
5 内ひざかけあがり			5 ひざかけ前まわりおり			5 こうもり振りおり		
6 外ひざかけあがり			6 ひざかけ後ろまわりおり			6 ふみこしおり		
7 ひざかけ後ろあがり			7 地球まわり			7 転向前おり		
8 えびあがり			8 前方ひざかけ回転			8 ひこうきとび		
9			9 後方ひざかけ回転			9 振りとび		
10			10 前方支持回転			10		
11			11 後方支持回転			11		
12			12			12		
13			13			13		
14			14			14		
15			15			15		
16			16			16		

〈連続技の記録カード〉

| 年 | 組 | 番 | 氏名 |

2種目連続 (1)	両ひざかけ ── 後ろおり ── 地球まわり (例)
3種目連続 (2)	
自分がつくった連続技 (1)	さかあがり ── 両ひざかけ ── 後ろおり 地球まわり ── こうもり ── こうもりおり (例)
自分がつくった連続技 (2)	

〈体育記録カード〉			月　　　日
年　　組　　番　氏名		グループ名	
きょうの練習はどうだったか	あった　○ な い　× わからない　△	あったことは何ですか ないと思う理由は何ですか	
● おもしろかったり，楽しかったりしたことがあった。			
● わかったことやうまくなったと感じたことがあった。			
● グループが協力できたり，助け合ったりしたことがあった。			
その他の感想・反省など			

〈鉄棒運動グループノート〉						
年		組	グループ名			
月	日	曜	鉄棒運動第	時間目	記録者	

この時間のねらい	練習したこと
この時間の反省	先生から受けた指導，先生のことば

〈さかあがりの学習カード〉

第　　学年	鉄　棒　運　動　の　学　習　カ　ー　ド				
種　　目	さ　か　あ　が　り				
年　　組	グループ名		氏名		
練習段階	・この練習ができたら前に進んでみよう。 ・何回くらいやったらできたか。 ・うまさをABCで評価してみよう。			練習回数	できた日	評価
1	片足けり 足ぬきまわり		・地面をけって足ぬきまわりをしてみよう。 ・らくに足があがれば，さかあがりもうまくできるようになる。			
2	両足けり 足ぬきまわり		・両足で地面をけって足ぬきまわりをしてみよう。 ・腕はまげないでもできるとよい。			
3	途中で戻す		・腕支持のかたちから前にまわり，途中で止めてまたもとに戻してみよう。 ・もとに戻す力をつけよう。			
4	補助つき		・横から友達に支えてもらって，さかあがりをしてみよう。 ・支える力はあまり強くしない方がよい。			

練習段階		・この練習ができたら前に進んでみよう。 ・何回くらいやったらできたか。 ・うまさをABCで評価してみよう。		練習回数	できた日	評価
5	台の利用		・さかあがりを，道具を工夫してやってみよう。 ・やりやすいように，高さや置き方を工夫しよう。			
6	背中の補助		・友達の背中を使ってやってみよう。 ・2人の呼吸がうまく合うように工夫してみよう。			
7	片足けり		・片足けりであがれるように練習しよう。 ・手のにぎり方は，順手でも逆手でもやりやすい方でやってみよう。			
8	両足けり		・両足をそろえて，同時にけるさかあがりをしてみよう。 ・両足をきれいにそろえてできるようにしよう。			
9	けらないさかあがり		・地面をけらずにあがるさかあがりをしてみよう。 ・両足をきれいにそろえてできるようにしよう。			

〈ひざかけあがり（足かけあがり）の学習カード〉

第　　学年	鉄　棒　運　動　の　学　習　カ　ー　ド			
種　　目	ひざかけあがり（足かけあがり）			
年　　組	グループ名		氏名	
練習段階	・この練習ができたら前に進んでみよう。 ・何回くらいやったらできたか。 ・うまさをABCで評価してみよう。		練習回数	できた日	評価
1	両ひざかけ振り	・鉄棒に両ひざかけになって前後に振ってみよう。 ・友達に補助してもらい，調子よく，何回も振ってみよう。			
2	補助つき	・両手の間に片足をかけ，何回もひざかけ振りをしてみよう。 ・大きく振れるように横から補助してもらおう。			
3	大きな振り	・ひざかけ振りをしてみよう。 ・できるだけ大きく，伸ばしている足をまげないように振ってみよう。			
4	けってあがる	・低い鉄棒でひざをかけ，地面をけってあがってみよう。 ・両手の押さえであがる感じをつかむ。			

練習段階	・この練習ができたら前に進んでみよう。 ・何回くらいやったらできたか。 ・うまさをABCで評価してみよう。		練習回数	できた日	評価
5	2人の補助	・ひざかけ振りで大きく振り，両側から2人が補助をしてあがろう。 ・振りに合わせて，両わきを支えるようにしてあげていく。			
6	1人の補助	・ひざかけ振りで大きく振り，片側から1人が補助をしてあがろう。 ・腰を支え，伸ばした足の振りを助けるようにしてみよう。			
7	補助なし	・大きく振ってひざかけあがりをしよう。 ・伸ばした足の振りを大きくしよう。 ・手首をかえして鉄棒を押さえる。			
8	1回振りあがり	・ひざを鉄棒にかけ，大きく1回振って，ひざかけあがりをしよう。 ・足をよく伸ばして，きれいにあがろう。			
9	振り出してのあがり	・体を前方に振り出しながら，地面をけって足を鉄棒にかけ，その振りでひざかけあがりをしよう。 ・振りを大きく使おう。			

〈後方ひざかけ回転（足かけ後転）の学習カード〉

第　　学年	鉄 棒 運 動 の 学 習 カ ー ド					
種　　目	後方ひざかけ回転（足かけ後転）					
年　　組	グループ名		氏名			
練習段階	・この練習ができたら前に進んでみよう。 ・何回くらいやったらできたか。 ・うまさをABCで評価してみよう。				練習回数	できた日	評価
1	大きな振り		・ひざかけ振りの練習をしよう。 ・伸ばした足を大きく振って練習しよう。			
2	振りおろし		・鉄棒の上から，後方に体を振りおろしてみよう。 ・はじめは小さく，だんだん大きくしよう。			
3	2人の補助		・鉄棒の上から振りおろし，回転をしてみよう。 ・両側から友達に肩を支えてもらって練習してみよう。			
4	1人の補助		・鉄棒の上からひざかけ後方回転をしてみよう。 ・片側から友達に補助してもらって練習しよう。			

練習段階			・この練習ができたら前に進んでみよう。 ・何回くらいやったらできたか。 ・うまさをABCで評価してみよう。	練習回数	できた日	評価
5	後ろあがり補助		・鉄棒の下で大きく振り，補助してもらって後ろあがりをしてみよう。 ・あがるときは，腰の引きあげを強めることを練習しよう。			
6	振りおろし		・鉄棒の上から大きく振りおろして，1人で回転してみよう。 ・上にあがるときの手首のかえしと，鉄棒の押さえに気をつけよう。			
7	連続2回転		・鉄棒の上から大きく振りおろして回転しよう。 ・後半で体が小さくなってもよい。 ・連続して2回まわってみよう。			
8	連続3回転以上		・鉄棒の上から大きく振りおろし，足をきれいに伸ばして回転しよう。 ・連続して3回以上回転しよう。			
9	連続技		・「ひざかけあがり―後方ひざかけ回転―転向前おり」 ・連続技がなめらかにできるように練習しよう。			

〈前方ひざかけ回転(足かけ前転)の学習カード〉

第　　学年	鉄 棒 運 動 の 学 習 カ ー ド				
種　　目	前方ひざかけ回転(足かけ前転)				
年　　組		グループ名		氏名	

練習段階	・この練習ができたら前に進んでみよう。 ・何回くらいやったらできたか。 ・うまさをABCで評価してみよう。			練習回数	できた日	評価
1	大きな振り		・ひざかけ振りの練習をしよう。 ・伸ばした足を大きく振って,ひざかけあがりをしよう。			
2	上からおりる		・鉄棒を順手にもって,ひざかけで前にまわっておりる練習をしよう。 ・まわるときは手のにぎりを深くする。			
3	ひざかけあがり		・順手にもってひざかけで前にまわる練習をしよう。 ・まわっておりたらひざかけあがりをしよう。			
4	逆手振りおろし		・逆手にもって,ひざかけで前にまわる練習をしよう。 ・だんだんに大きく振りおろせるようにしよう。			

練習段階				練習回数	できた日	評価
	・この練習ができたら前に進んでみよう。 ・何回くらいやったらできたか。 ・うまさをABCで評価してみよう。					
5	2人の補助		・逆手で大きく振りおろし，前方ひざかけ回転をしよう。 ・両側から友達に補助してもらってあがろう。 ・両腕のわきを支えるようにしてみる。			
6	1人の補助		・逆手で大きく振りおろし，前方ひざかけ回転をしよう。 ・片側から友達に補助してもらってあがろう。 ・軽く支えるくらいであがれるようにしよう。			
7	1回転		・1人で前方ひざかけ回転をしよう。 ・回転のはじめは胸をはり，大きく振りおろす。 ・あがったときに手首をかえして鉄棒を押さえる。			
8	連続2回転		・前方ひざかけ回転を連続してやってみよう。 ・2回目に入るときは，体を伸ばして，回転を大きくしていこう。			
9	連続技 1　2　3　4		・「ひざかけあがり―前方ひざかけ回転―転向前おり」の連続技をやってみよう。 ・ひざかけあがりから前転に入るときに逆手にもちかえる。			

〈後方支持回転（腕立て後転）の学習カード〉

第　　学年	鉄 棒 運 動 の 学 習 カ ー ド			
種　　目	後方支持回転（腕立て後転）			
年　組	グループ名　　　　　　　氏名			
練習段階	・この練習ができたら前に進んでみよう。 ・何回くらいやったらできたか。 ・うまさをABCで評価してみよう。		練習回数	できた日	評価
1	連続さかあがり	・さかあがりを連続してやってみよう。 ・できるだけ速く続けてやってみよう。 ・5～6回は続けてみよう。			
2	2人の補助	・鉄棒の上から後方支持回転をやってみよう。 ・両側から友達に補助してもらおう。 ・背中や腰を軽く支えてもらおう。			
3	1人の補助	・鉄棒の上から後方支持回転をやってみよう。 ・片側から友達1人に補助してもらおう。			
4	腰ひも利用	・腰に布をあて，その両はしを鉄棒といっしょに両手でにぎり，後方回転をしてみよう。 ・腰が落ちないとまわりやすいことをおぼえよう。			

練習段階			練習回数	できた日	評価
	・この練習ができたら前に進んでみよう。 ・何回くらいやったらできたか。 ・うまさをABCで評価してみよう。				
5	ひざまげ 1回転	・補助をつけないで後方支持回転をしてみよう。 ・腰が下に落ちないように鉄棒をおなかにくっつけてまわろう。			
6	ひざまげ 2回転	・後方支持回転を2回続けてまわってみよう。 ・体を小さくすると回転が速くなることをおぼえよう。			
7	ひざのばし 1回転	・体を伸ばし、ひざも伸ばして後方回転ができるようにしよう。 ・回転のはずみをつけるために、はじめの振りあげを大きくしよう。			
8	ひざのばし連続回転	・体を伸ばした後方回転を2回以上続けてまわろう。 ・2回目に入るときに腰を伸ばしておくとはずみがつきやすい。			
9	連続技	・「さかあがり―後方支持回転―ふみこしおり」の連続技をやってみよう。 ・1つずつ確実にやっていこう。			

〈前方支持回転（腕立て前転）の学習カード〉

第　　学年	鉄棒運動の学習カード				
種　　目	前方支持回転（腕立て前転）				
年　　組	グループ名		氏名		
練習段階	・この練習ができたら前に進んでみよう。 ・何回くらいやったらできたか。 ・うまさをABCで評価してみよう。		練習回数	できた日	評価
1	前まわりおり	・前方回転おりの練習をしよう。 ・前にまわるとき，はずみをつけて回転を速くしてみよう。			
2	前まわりおり連続	・前方回転おりを連続してやってみよう。 ・回転にはずみをつけ，すばやく何回も続ける。 ・鉄棒を腰からはなさないようにする。			
3	2人の補助	・前方支持回転をやってみよう。 ・両側から友達に補助してもらう。 ・背中，腰を軽く支えてもらおう。			
4	1人の補助	・前方支持回転をやってみよう。 ・片側から友達に補助してもらう。 ・背中，腰を軽く支えてもらおう。			

練習段階		・この練習ができたら前に進んでみよう。 ・何回くらいやったらできたか。 ・うまさをABCで評価してみよう。		練習回数	できた日	評価
5	腰ひも利用		・布を使って前方支持回転をやってみよう。 ・布を腰にまわし、そのはしを鉄棒といっしょに両手でにぎり、回転に入る。			
6	ひざまげ 1回転		・前方支持回転を1人でやってみよう。 ・回転に入るとき、腰とひざをまげ、上体を伸ばして大きく回転するとよい。			
7	ひざまげ 2回転		・回転ができるようになったら、2回連続してやってみよう。 ・2回目に入るときも体を伸ばして大きく回転する。			
8	ひざ伸ばし 回転		・ひざを伸ばした大きな前方回転をしてみよう。 ・回転に入るとき腰をまげ、ひざを伸ばし、胸をはって大きく回転する。			
9	連続技		・「さかあがり―前方支持回転―ふみこしおり」の連続技をやってみる。 ・1つ1つひとつの技がなめらかにつながるようにするとよい。			

〈こうもり振りおりの学習カード〉

第　　学年	鉄 棒 運 動 の 学 習 カ ー ド			
種　　目	こ う も り 振 り お り			
年　組	グループ名		氏名	

練習段階	・この練習ができたら前に進んでみよう。 ・何回くらいやったらできたか。 ・うまさをABCで評価してみよう。			練習回数	できた日	評価
1	おさるの絵かき		・鉄棒に両ひざをかけてぶらさがり、片手をはなしてみよう。 ・片手で地面に絵をかいたりしてみよう。			
2	こうもり		・鉄棒に両ひざをかけてぶらさがり、両手をはなしてみよう。 ・腰の力をぬき、体を伸ばす。			
3	こうもりおり		・こうもりをしてぶらさがり、地面に両手をつけてみよう。 ・両ひざをはずしておりる。			
4	こうもり振り		・こうもりでぶらさがり、前後に振ってみよう。 ・腰の力をぬいて腕の振りをうまく使って振る。 ・徐々に大きく振る。			

練習段階	・この練習ができたら前に進んでみよう。 ・何回くらいやったらできたか。 ・うまさをABCで評価してみよう。		練習回数	できた日	評価
5	こうもりおり 補助2人	・大きくこうもり振りをして，両側から補助してもらっておりてみよう。 ・腕を両側から支えてもらう。両足で地面に立つ。			
6	こうもり振りおり 補助1人	・大きくこうもり振りをして，片側から補助してもらっておりてみよう。 ・正面にいて両手をもってもらう方法もある。			
7	こうもりおり	・こうもり振りから，1人で振りおりをしてみよう。 ・はじめは手を地面についてもよい。 ・慣れてきたら大きく振ってとびおりる。			
8	連続技1 1　2　3	・両ひざかけの前転をして，戻ってくるときに手をはなし，こうもりおりをする。 ・戻すときに大きく振り出すとよい。			
9	連続技2 1　2　3	・両ひざかけの後転から，後ろに大きく振り出し手をはなしてこうもりおりをする。 ・腰の伸ばしを早めにするとよい。			

〈転向前おりの学習カード〉

第　　学年	鉄 棒 運 動 の 学 習 カ ー ド						
種　　目	転 向 前 お り						
年　組	グループ名		氏名				
練習段階	・この練習ができたら前に進んでみよう。 ・何回くらいやったらできたか。 ・うまさをABCで評価してみよう。				練習回数	できた日	評価	
1	支持姿勢		・ひざかけ腕支持の姿勢をとってみよう。 ・腕をしっかり伸ばし，胸をはり，片足を後ろに伸ばす。				
2	足かけ		・転向前おりを片側から補助してもらってやってみよう。 ・足を1度鉄棒の上にのせてからおりるとよい。 ・支持の手は逆手がよい。				
3	補助つき		・補助をつけて転向前おりをやってみよう。 ・伸びている足のひざをよく伸ばし，大きく鉄棒をこすようにしよう。				
4	足を伸ばす		・伸ばした足の振りあげを使い，腰も高く保ちながら，きれいな転向前おりをしよう。 ・上体を起こして大きな動作でこすとよい。				

〈ふみこしおりの学習カード〉

第　　学年	鉄 棒 運 動 の 学 習 カ ー ド			
種　　目	ふ み こ し お り			
年　　組	グループ名　　　　　　　氏名			
練習段階	・この練習ができたら前に進んでみよう。 ・何回くらいやったらできたか。 ・うまさをABCで評価してみよう。		練習回数	できた日	評価
1	支持姿勢	・腕支持の姿勢をしっかりととってみよう。 ・腕をしっかり伸ばし，胸をはり，体を伸ばしてよい姿勢になる。			
2	補助つき	・片側から肩を補助してもらい，ふみこしおりをしてみよう。 ・支持する手は逆手にもつとよい。この腕に体重をのせていく。			
3	ひざまげ	・1人でふみこしおりをしてみよう。 ・ひざをまげて足をかけ，ゆっくり腰をあげてこすようにする。			
4	足を伸ばす	・足を伸ばしたふみこしおりをしてみよう。 ・かけた足を伸ばし，はずみをつけて両足をこすとよい。			

Ⅳ　評価

1. 評価の考え方

　体育学習で評価というと，とかく技ができたかどうかのチェック機能を想像してしまいがちである。学習カードにおいて，技ができたら○をつけていくようなスタイルであったり，単元の終了時に，教師が技の到達度を評定していったりする光景はよく見られる。しかし，子どもたちの学びを「できた・できなかった」で価値づけてしまうことは，本書で意図するようなスイング感覚を学びながら身につけていったり，あそびや表現活動を通して身体コントロールができるようになっていったりする学習への意欲を減退させてしまうことになりかねない。

　そもそも評価活動の本質的な意味を考えたとき，学んできた事後の「評定」機能のみを指すのではなく，学んでいく経過における「形成的評価」の機能を重視したい。子どもたちが学んでいく中での教師のアドバイスや声かけ（フィードバック）が，「もっと美しく」「もっとダイナミックに」「もっとスムーズに」という更なる意欲（ネクストプラン）につながるような評価活動である。子どもたちがより意欲的に鉄棒運動に取り組むようになるような教師の声かけや適切なアドバイス，賞賛というものも大切な評価活動である。

2. 鉄棒運動の評価の視点

　鉄棒学習を通して，子どもたちに身につけさせたい力は，「意のままに体を動かしたり，表現したりできること」である。その中でも，「スイング感覚」と「身体コントロール」の2点を重点だと考える。なぜなら，それは鉄棒運動の基礎的な感覚であり，さらにどの技にも共通しており，技を発展していくときにも重要となる感覚だからである。形成評価を効果的に行っていくためにも，教師が明確な評価視点をもっておく

ことは大事なことである。「スイング感覚」と「身体コントロール」の2点に絞り，評価の視点を考えてみたい。

①スイング感覚
- 鉄棒にぶらさがることができる
- ぶらさがって体を振ることができる
- 鉄棒にひざをかけて体を振ることができる
- 鉄棒に両ひざをかけて逆さにぶらさがる（こうもりになる）ことができる
- こうもりで体を振ることができる
- 大きなスイングをつくり出すときに必要となるあごを使った「あふり」の感覚が身についている
- 安定したスイングを保つための体の「しめ」ができる

②身体コントロール
- 鉄棒を使って，いろいろなあそびをすることができる
- 友達の動きをまねすることができる
- スイング感覚を使って，鉄棒にあがったりまわったりすることができる
- いろいろなあがる技，まわる技，おりる技をすることができる
- できるようになった技を組み合わせて，連続技をつくることができる
- 姿勢を制御したり、次の動作に移っていく際に身体をコントロールしたりする身体能力が身についている

おわりに

　教師になって17年目を終えようとしている。思えば，教師になりたてのころは，体育の学習において，子どもたちをできるようにさせることに邁進していた。しかし，指導技術も子どもの学びを見とるすべもない筆者は，ただただ途方に暮れる毎日であった。そんなとき，ある研究会で先輩の先生に紹介していただいた本が，この「絵でみる」シリーズだった。当時，いくつかの教育書や指導技術書はもっていたが，この「絵でみる」シリーズは，とにかく使いやすかったことが印象に残っている。授業中にも携帯できるサイズ，そして，指導のポイントがコンパクトにわかりやすく説明してあり，いわゆる「すぐに使える」本であったのだ。筆者にとってはバイブルであったと言える。

　今回ご縁があって，「絵でみる」シリーズの改訂版の編集にかかわらせていただいた。旧版をもとに，研究会の仲間と教材分析をしたり，実践を交流したりしてきた成果を加筆しながら，改訂版を作成したつもりである。作業に先立ってあらためて熟読し，筆者の初任期からのバイブルが，やはり本質をついたすばらしい本であったことを再認識することができた。本書の著者，岡田和雄先生には現在でも大変お世話になっているが，あらためて敬意と感謝の意を表させていただきたい。そして，岡田先生の偉業が，再び先生方のバイブルとして広く活用されることを願ってやまないものである。

　　2008年2月

　　　　　　　　　　　　　　　　　　　本巻担当編者　鈴木　聡

〈編者〉

鈴木 聡（すずき　さとし）
東京学芸大学附属世田谷小学校教諭
（2010年1月現在）
1990年　東京学芸大学学校教育科卒業
2008年　同大学院教育学研究科修士課程修了
2010年1月現在　同大学院連合学校博士課程在籍
著　書　『体育授業を観察評価する』
　　　　（共著・明和出版）
改訂版の編集ならびに、Ⅰ章・Ⅳ章・「おわりに」の執筆担当

〈図解の絵〉

いなみ　さなえ
1983年　お茶の水デザイン学院
　　　　グラフィック科卒業
広告代理店勤務を経て独立
現在フリーイラストレーター

〈著者〉

岡田 和雄（おかだ　かずお）
1932年　東京に生まれる
1957年　東京学芸大学保健体育科卒業
東京学芸大学附属世田谷小学校副校長，東京都文京区立指ヶ谷小学校長，同湯島小学校長，東京教育専門学校校長を歴任
著　書　『たのしくできる体育1・2年の授業』
　　　　『同3・4年』『同5・6年』（あゆみ出版）
　　　　『子どもの喜ぶ体育の授業』（大修館書店）
　　　　『器械運動の指導』（共著・ベースボールマガジン社）他

新 絵でみる 鉄棒運動指導のポイント
─────────────────────
2008年4月20日　改訂版第1刷発行
2010年2月15日　改訂版第2刷発行

　　　　　編　者　　鈴木 聡
　　　　　著　者　　岡田和雄
　　　　　発行者　　山田雅彦
　　　　　発行所　　株式会社 日本標準
　　　　　　　　　　〒167-0052　東京都杉並区南荻窪3-31-18
　　　　　　　　　　TEL 03-3334-2620　FAX 03-3334-2623
　　　　　　　　　　URL http://www.nipponhyojun.co.jp/
　　　　　カバーイラスト　田代 卓
　　　　　カバーデザイン　増田デザイン事ム所
　　　　　DTP制作　　株式会社 大知
　　　　　編集協力　　吉沢正博
　　　　　印刷・製本　株式会社 リーブルテック
─────────────────────
　◆落丁・乱丁の際はお取りかえいたします。
　◆定価はカバーに表示してあります。

ISBN 978-4-8208-0327-0 C3037
Printed in Japan

日本標準の教育図書

＊定価は消費税5％込の価格です。消費税率が変わることがありますのでご注意ください。

田中耕治 編著

保護者の信頼を得る
通知表所見の書き方＆文例集
小学校低学年／中学年／高学年

A5／低学年142頁、中学年196頁、高学年224頁
低学年1680円（税込）、中・高学年各2100円（税込）

保護者への説明責任が求められている今、子どもの向上した面、不十分な面をどのように所見に書けばいいのか？ 所見文の構造を明らかにし、用字用語などに役立つ書き方を掲載。また、もちろん、一人ひとりの子どもに対応した豊富な文例を掲載。

〈道徳シリーズ〉

佐藤幸司 編著

とっておきの道徳授業―オリジナル実践35選
B5／160頁／1801円（税込）

とっておきの道徳授業Ⅱ―オリジナル教材開発35選
B5／160頁／1890円（税込）

とっておきの道徳授業Ⅲ―オリジナル授業創り35選
B5／160頁／1890円（税込）

とっておきの道徳授業Ⅳ―「あい」で創る35の道徳授業
B5／160頁／1890円（税込）

とっておきの道徳授業Ⅴ―道徳授業が開く35の希望の扉
B5／160頁／1890円（税込）

とっておきの道徳授業Ⅵ―「ここ一番」に強いオリジナル実践35選
B5／160頁／1890円（税込）

とっておきの道徳授業Ⅶ―現場発！本気の道徳授業35選
B5／160頁／1890円（税込）

とっておきの道徳授業Ⅷ―今 大切な道徳授業35選
B5／160頁／1890円（税込）

全国の教師が開発した道徳授業を厳選して紹介。子どもの興味を引き出す身近な素材を使用し、他人の気持ちや考えを理解し、適切な行動をとる力を身につけることのできる道徳授業を目指す。明日からの授業にすぐに役立つ実践集。

桃﨑剛寿 編著

中学校編とっておきの道徳授業―オリジナル実践35選
B5／160頁／2100円（税込）

中学校編とっておきの道徳授業Ⅱ―続オリジナル実践35選
B5／160頁／2100円（税込）

中学校編とっておきの道徳授業Ⅲ―6つの願いで創る35の道徳授業
B5／160頁／2100円（税込）

中学校編とっておきの道徳授業Ⅳ―授業の型が見えてくる！35の道徳授業
B5／160頁／2100円（税込）

中学校編とっておきの道徳授業Ⅴ―〈教師の想い〉から創る道徳授業35選
B5／160頁／2100円（税込）

中学校編とっておきの道徳授業Ⅵ―新学習指導要領を実証！現場発35の授業
B5／160頁／2100円（税込）

中学校編とっておきの道徳授業Ⅶ―新学習指導要領でCHANGE！35の授業
B5／160頁／2100円（税込）

思春期まっただ中にいる中学生だからこそ必要とする道徳授業があるはず。子どもたちが今の自分を見つめ直し、自立への第一歩を踏み出すことができるようにという教師の願いを込めた実践集。

◆ **日本標準の教育図書** ◆　＊定価は消費税5%込の価格です。消費税率が変わることがありますのでご注意ください。

柴田義松 監修　阿原成光・梅原利夫・小佐野正樹・中妻雅彦 編

子どもと教師でつくる教育課程試案
B5／240頁／2625円（税込）

教育基本法が「改正」され、それに伴い学習指導要領が改訂された今だからこそ、民間教育研究団体の長年にわたる教育研究・実践の成果をふまえた教育課程試案を提案する。

山内基広 著

大好きになる体育の授業
B5／192頁／2625円（税込）

子どもが無理なく「できる」ようになる手順を示すと同時に、運動のおもしろさを味わわせることを大事にし、体育が大好きになる授業を提案する。

〈体育　新 絵でみる指導のポイントシリーズ〉

大貫耕一 著

新 絵でみる 水泳 指導のポイント
①低・中学年　②高学年
A5／①204頁・②224頁／2100円（税込）

水あそびから、無理なく25m以上泳げるようになるまで、指導のポイントを豊富なイラストでわかりやすく解説。泳ぐことがもっと好きになる！

内田雄三 編　岡田和雄・村上紀子 著

新 絵でみる マット運動 指導のポイント
A5／136頁／1680円（税込）

マットあそびから、前転などの単一種目、そして連続技まで、指導のポイントを豊富なイラストでわかりやすく解説。体を操ることが楽しくなる！

鈴木聡 編　岡田和雄 著

新 絵でみる 鉄棒運動 指導のポイント
A5／144頁／1680円（税込）

ぶらさがりから、さかあがり、前方・後方支持回転まで、指導のポイントを豊富なイラストでわかりやすく解説。鉄棒がもっと好きになる！

岡田和雄・藤井喜一 編著

新 絵でみる とび箱運動 指導のポイント
A5／136頁／1680円（税込）

とび箱あそびから開脚とび、台上前転、頭はねとびまで、指導のポイントを豊富なイラストでわかりやすく解説。体が空間に浮く楽しさを！

大貫耕一 編　岡田和雄・藤井喜一 著

新 絵でみる 陸上運動 指導のポイント
A5／136頁／1680円（税込）

陸上運動の基礎からリレー、ハードル走まで、指導のポイントを豊富なイラストでわかりやすく解説。みんな走ることが好きになる！

岡田和雄・鈴木聡 編　大貫耕一・吉村実 著

新 絵でみる サッカー 指導のポイント
ボールゲームからサッカーまで
A5／144頁／1680円（税込）

サッカー遊びからゲームの方法・作戦の立て方まで、豊富なイラストでわかりやすく解説。みんながサッカーを楽しめる！

岡田和雄・大貫耕一 編　戸田雄二 著

新 絵でみる バスケットボール 指導のポイント
ボールゲームからバスケットボールまで
A5／176頁／1890円（税込）

ボールコントロールからゲームの方法・作戦の立て方まで、豊富なイラストでわかりやすく解説。だれもがゲームで活躍できる！